8624

Le soudan en 1894

La Vérité sur Tombouctou

LE SOUDAN EN 1894

LA VÉRITÉ SUR TOMBOUCTOU

DU MÊME AUTEUR

LA CHANSON DE L'HOMME (1 vol.) . . .   3 fr. 50
TENDRESSES (1 vol.).   2   »

Sous presse

LE CHEMIN DE FER DU SOUDAN.

LES MŒURS NOIRES.

LA COLONISATION MILITAIRE (1880-1894).

EDOUARD GUILLAUMET

LE SOUDAN EN 1894

LA VÉRITÉ

SUR

TOMBOUCTOU

L'ESCLAVAGE AU SOUDAN

PARIS

ALBERT SAVINE, ÉDITEUR

12, RUE DES PYRAMIDES, 12

1895

AVANT-PROPOS

Ces pages sont vécues. Elles ont été écrites là-bas, sous la tente, dans les cases, en chaland, au fur et à mesure des documents recueillis, et prouvés, car je n'ai admis dans cette relation de notre occupation de Tombouctou que des faits indiscutables. J'en dois quelques-uns à l'amabilité des officiers qui tous m'ont témoigné, dans les postes ou en campagne, une cordiale amitié. Je les remercie tous ici de leur précieuse collaboration.

Le reste de mon enquête a été fait, non sans peine, chez les indigènes, Touaregs, Maures et Noirs, et je suis arrivé à faire la pleine lumière sur cette douloureuse histoire. Le lecteur en dégagera lui-même la morale.

E. G.

I

LA VÉRITÉ SUR TOMBOUCTOU

PREMIÈRE PARTIE

TACOUBAO

I

Après le retour en France du colonel Archinard, le gouvernement français, considérant que nos conquêtes au Soudan devaient prendre fin, institua un gouvernement civil dans cette colonie, qui depuis le 27 août 1892, était d'ailleurs détachée du Sénégal.

Les délimitations du Soudan furent ainsi fixées :

A l'Ouest le marigot de Dembacani à une vingtaine de kilomètres de Bakel; au Nord, nos possessions extrêmes administrées par les cercles de Nioro et Socolo; à l'Est, la résidence de Bandiagara, dans les Etats d'Aguibou, notre protégé, et le cercle de Bougouni dans les Etats de Samory; enfin, au Sud, nos possessions dépendant des cercles de Bayla, Kouroussa, Farannah, etc.

A ce moment, le Soudan était sous les ordres du lieutenant-colonel Bonnier, de l'artillerie de marine, ancien élève de l'Ecole polytechnique, et fort brillant officier dont on avait eu maintes fois l'occasion d'apprécier la valeur.

Il y avait, cela est indiscutable, longtemps qu'on pensait à l'expédition de Tombouctou, longtemps même qu'on l'avait préparée, puisqu'en 1887, le lieutenant de vaisseau Caron, dans son voyage à Koriumé sur la canonnière *le Niger*, et en 1889, le lieutenant de vaisseau Jaime, dans son expédition à Kabara sur la canonnière *le Mage*, avaient été officiellement chargés d'en préparer les voies.

De là, les premiers obus lancés par le lieutenant de vaisseau Jaime sur les campements touaregs des bords du Niger, projectiles maladroits qui nous valurent une rancune profonde de la part de ces populations nomades.

Mais à côté de cela, une chose non moins évidente est que le gouvernement, bien que sollicité depuis longtemps par les populations environnantes, n'avait point songé à entrer de suite dans la ville, ajournant sa décision au retour, ou tout au moins au passage de la mission Hourst dans ces régions, mission qui, d'après les résultats obtenus par deux premières, devait assurer notre occupation pacifique de Tombouctou.

Je disais que le gouvernement avait été sollicité par les populations environnantes, et en voici la preuve :

Bien avant la prise de Djenné, en plusieurs occasions, les populations voisines de Tombouctou avaient demandé par messages notre appui contre les Touaregs qui les pillaient journellement et les réduisaient à la plus noire misère. Après la prise de Djenné, avril 1893, le lieutenant-colonel Archinard écrivait aux notables de

Tombouctou pour leur annoncer notre conquête et leur demander de continuer avec la France, qui les soutiendrait, les relations commerciales qui faisaient la force des deux pays. La plus grande partie de la contrée accepta.

Toutefois, et cela aurait dû nous donner l'éveil, les notables, soit par crainte des Touaregs, soit au contraire pour leur en imposer, car le mobile de ces indigènes versatiles est souvent incompréhensible, envoyaient en septembre 1893 une députation de deux membres au sultan du Maroc. Cette députation devait demander quelle réponse il y avait lieu de faire à la démarche des Français, et, au cas où on eût dû la repousser, l'appui du Sultan si nos troupes occupaient la ville. En juin 1894, la réponse n'était point connue, soit que les envoyés, qu'on dit avoir été pillés et maltraités dans le désert, ne fussent point revenus, soit que notre occupation prématurée l'eût fait tenir secrète.

Deux versions cependant trouvent crédit parmi les indigènes. Dans l'une, le Sultan aurait déclaré que ses ancêtres ayant depuis longtemps abandonné Tombouctou, il ne s'intéressait en aucune façon à une cité qui ne lui était plus rien. Dans l'autre, au contraire, il aurait promis, au cas d'occupation par nos troupes, son intervention auprès du gouvernement français. De ce côté, il ne m'a été possible de rien confirmer.

Voici donc dans quelle situation nous nous trouvions à la fin de 1893 :

Dans la région de Tombouctou : d'une part, des populations demandant notre appui ; de l'autre, deux groupes de Touaregs, les Iguellad, les Aouelimmiden, qui régnaient en maîtres sur ces populations à tel point épeurées qu'il suffisait qu'un seul Touareg vînt à Tombouctou planter sa lance à la porte d'un dioula [1] pour qu'on lui ouvrît immédiatement et qu'on mît tout le magasin à sa disposition ; — en ce qui concerne les pouvoirs de la colonie, le gouverneur civil, M. Grodet, part de France au mois de novembre 1893 pour Kayes, où est établi le siège du gouvernement ; et pendant ce temps, le lieutenant-colonel Bonnier, ignorant d'ailleurs

---

1. Marchand indigène.

la nomination d'un gouverneur civil au Soudan, part en colonne sur Tonétou, village assiégé par Samory, expédition qui ne doit être que le prélude d'une longue campagne ; et enfin, à Mopti, le lieutenant de vaisseau Boiteux, commandant la flottille du Niger, avec l'enseigne Aube comme second, prépare les canonnières en vue d'une expédition sur Tombouctou.

Je vais examiner le rôle de chacun dans l'occupation de Tombouctou, de façon à établir les responsabilités que chacun a pu assumer dans les tragiques événements qui ont suivi, le 28 décembre à Kabara, le 15 janvier à Tacoubao.

II

Pendant que le gouverneur rejoignait son poste, le lieutenant-colonel Bonnier achevait de préparer hâtivement l'expédition qu'il avait décidée sur Ténétou contre les Sofas de Samory, bien qu'aucune raison politique ne nous y contraignît.

En même temps, il distribuait dans tout le Soudan des ordres de mobilisation et de ravitaillements considérables en munitions, faisant lever partout des auxiliaires et des miliciens dont rien à ce moment ne justifiait la présence dans nos effectifs, et laissant ainsi deviner ses intentions d'une vaste campagne ; en outre, la concentration des chalands du Niger à Touli-mandio, indiquait bien la route qu'on allait prendre. En effet, de retour de Ténétou, le colonel Bonnier se lança immédiatement sur Tombouctou, et sa hâte à s'éloigner quand il connut à Bammako l'arrivée du gouverneur au Soudan, prouve qu'il voulait éviter les ordres qu'on ne manqua pas de lui envoyer quand on apprit la nouvelle marche des opérations. Malheureusement, il était trop tard, comme on va le voir.

Le 17 novembre 1893, il quittait Kayes pour Bammako, arrivait au commencement de décembre à Ténétou qui était tombé au pouvoir des assiégeants, poursuivait l'armée de Samory qu'il battait le 5 à Faragaré, et le 6 à Coloni, et revenait à Bammako le 19 décembre avec une colonne harassée.

Puis, sans laisser à ses troupes le temps de se reposer un jour, il donnait l'ordre de partir immédiatement, direction de Ségou. Mais ce n'était un secret pour personne, depuis l'état-major jusqu'au simple canonnier, que Ségou

voulait dire Tombouctou. En même temps,
détail important, il envoyait au commandant
de la flottille Boiteux l'ordre de rester à Mopti
et d'y attendre son passage. Le 25 décembre,
il arrivait à Ségou et là se trouvait obligé de
partager sa petite armée en deux colonnes;
l'une, dont il gardait le commandement, qui
devait monter en pirogues jusqu'à Kabara;
l'autre, dont il donnait le commandement au
commandant Joffre qui, après s'être occupé de
la préparation de la campagne, fut enlevé aux
études du chemin de fer dont il était spécialement chargé et qui devait, avec les mulets et
les chevaux, prendre la route de terre par Sansanding, Nampala et Goundam pour le rejoin-
dre à Tombouctou.

Bonnier apprenait à ce moment l'entrée du
gouverneur au Soudan, et exprimait à haute voix
sa stupéfaction et son mécontentement de n'a-
voir été informé ni par le ministère ni par le
gouverneur qui ne fit connaître ses pouvoirs
qu'à son arrivée à Kayes.

A ce sujet je vais signaler de suite une grave
question qui a échappé à la plupart de ceux qui

ont commenté cette campagne, et qui certainement n'avait pas échappé au colonel Bonnier, c'est
qu'à dater de ce moment, en supposant que le colonel Bonnier eût reçu en route un ordre de rap-
pel, il ne pouvait, pas plus que le commandant
Joffre d'ailleurs, y obéir, sous peine d'exposer
la colonne parallèle à un désastre. Ces deux colonnes une fois en route, il fallait qu'elles se fussent rejointes pour que chaque chef pût reprendre sa liberté d'action. Or, on le sait, le point
de jonction était Tombouctou.

La colonne par eau prit toutes les pirogues
disponibles, environ trois cents, et s'entassa tant
bien que mal sur ce convoi. Certaines pirogues
de somonos[1], juste assez fortes pour porter deux
pêcheurs, emmenaient trois tirailleurs avec armes et bagages. De temps en temps une de ces
pirogues chavirait, et il fallait repêcher les hommes dont plusieurs perdirent leurs fusils. On
dut même prendre la précaution, pour éviter
des pertes plus nombreuses, de faire attacher les
armes au poignet des tirailleurs. En outre, offi-

1. Confrérie de pêcheurs du Niger.

ciers et soldats n'avaient comme vivres que du riz et du sel pour quelques jours. Ni viande, ni biscuit, ni tafia, ni vin. On n'avait pas eu le temps de les approvisionner, tant la hâte était grande. Comme, d'autre part, depuis le départ de Kayes, les officiers n'avaient eu droit qu'à deux porteurs, on voit qu'ils n'avaient guère pu emporter de vivres, ni même de vêtements.

Donc on partait vers Tombouctou, à l'aventure, sans savoir si dans un pays hostile on pourrait nourrir la colonne, sans savoir si les relations avec les postes laissés en arrière ne seraient point coupées, si la colonne en un mot ne courait point à un anéantissement certain.

Le lendemain du départ, le 28, arrivait à Ségou un courrier porteur d'un télégramme adressé par le commandant Boiteux directement au ministère de la marine, annonçant l'occupation de Tombouctou où M. Boiteux était entré avec une quinzaine de laptots, nous verrons bientôt comment.

Le commandant de la région de Ségou intercepta le courrier, et le fit immédiatement porter au colonel qui venait de dépasser Sansan-

ding. On conçoit la colère de ce dernier en ap-
prenant avec quelle désinvolture on avait violé
ses ordres.

Et, à dater de ce moment, nous entrons en
pleine folie, en plein gâchis militaire. La colonne part le matin au petit jour, s'arrête le soir
à neuf ou dix heures, juste le temps de réparer
les pirogues qui coulent à chaque instant. Les
bosos [1] n'ont même pas le temps de manger ni
de dormir et en sont réduits à avaler leur mil
non pilé, ni cuit. A Mopti, où le colonel reçoit
un courrier du lieutenant de vaisseau Boiteux,
annonçant le désastre de Kabara et demandant
des renforts, on distribue en quelques heures
douze jours de riz, de sel et de mil au convoi et
on repart. Heureusement les guides sont bons
et on ne s'égare pas trop au milieu des immenses lacs formés par les inondations du fleuve, et
on arrive à Kabara dans la nuit du 9 au 10
janvier. On ne trouve plus qu'une ville en
ruines à la suite des événements suivants.

1. Confrérie de pêcheurs du Niger, plus importante
que celle des Somonos.

III

Depuis longtemps déjà les lieutenants de vaisseau qui s'étaient succédé au commandement de la flottille du Niger avaient les yeux fixés sur Tombouctou, dont ils s'étaient habitués à considérer l'occupation comme un apanage à eux seuls réservé. Le commandant Boiteux continua la tradition, mais lui décida de mettre à exécution le projet longtemps caressé.

La flottille avait à ce moment transporté son mouillage de Koulikoro à Mopti, et y avait établi son poste et ses ateliers. C'est là que M. Boiteux se mit à l'œuvre, sans prendre l'a-

vis de son chef direct, le conmandant supérieur
du Soudan, ni de son chef supérieur alors le
gouverneur du Sénégal, ni de son chef suprème
le ministre de la marine. Les deux canonnières, le *Mage* et le *Niger* furent réparées
et mises en état de marcher. On les arma
chacune de leur canon-revolver, et, ce qui ne
laisse aucun doute sur ses intentions, le commandant fit construire un affût en bois, monté
sur roues, avec limons, sur lequel on plaça le
troisième canon Hotschkiss disponible. Il n'est
pas probable que ce fût pour circuler sur le
fleuve qu'on avait préparé cet attelage. Les laptots[1] furent armés, équipés et instruits en vue
d'une descente à terre, en un mot, comme l'a-
vouait le successeur de M. Boiteux, M. Hourst,
tout fut combiné, prévu, rien ne fut laissé au
hasard.

Pendant ce temps arrivaient à Mopti les ins-
tructions du colonel, mais on était déjà parti,
et d'ailleurs on avait bien autre chose à faire
que de s'en occuper. Les ravitaillements de bois

1. Matelots indigènes.

pour l'alimentation des chaudières étaient préparés tout le long de la route, la subsistance des équipages était assurée pour plusieurs mois, les eaux étaient propices à la marche des bâtiments, et dans les premiers jours de décembre on se mettait en route, le cœur léger et vent arrière, pour aller protéger, avec une trentaine de laptots, la ville de Tombouctou et les pays avoisinants contre les incursions et le pillage de centaines de Touaregs. La disproportion de l'œuvre entreprise et des suites qu'elle devait certainement comporter eût pourtant dû prêter à plus de réflexion.

La flottille arriva à Kabara, et, en laissant à l'enseigne Aube le commandement et la garde, le commandant Boiteux partait vers Tombouctou (7 kil.) avec une quinzaine de laptots et son canon-revolver.

En arrivant à la dernière dune, d'où l'on découvre toute la ville, il en faisait demander l'entrée au chef Amsa et aux notables. Ceux-ci, devant l'exiguité de la troupe qui arrivait, et peu confiants dans la protection qu'elle pourrait lui assurer contre leurs terribles voisins, hésitèrent.

Alors, sans plus de formalités, le commandant Boiteux braqua son canon-revolver, et, pour me servir du terme technique, encadra la ville, c'est-à-dire qu'il fit éclater un obus à droite, un à gauche, un troisième au delà de la cité pour montrer qu'il en pouvait faire tomber d'autres au centre. Après cette petite démonstration, il va sans dire qu'il pénétra tranquillement dans Tombouctou, dont il occupa aussitôt les extrémités nord et sud, où il établit des blockhaus. Nous étions dans la ville sainte, c'est tout ce qu'il fallait.

Le chef, les notables, beaucoup d'habitants s'enfuirent. A la nouvelle de notre arrivée les Touaregs se rapprochèrent et serrèrent la ville. Un jour même, on eut la bonne fortune de faire éclater un obus au milieu d'un campement situé à deux kilomètres à l'ouest, qui tua quelques captifs et des animaux.

L'enseigne Aube, pendant ce temps, était resté à Kabara à bord de ses étroits bâtiments, et impatient, cela se conçoit. Mais le 28 décembre, les habitants du village, que leur inquiétude maintenait aux aguets, vinrent l'avertir que les

Tenguéréguiff étaient campés sur la route de Tombouctou, à deux kilomètres de là. Craignant que son chef ne fût directement menacé, je veux croire que c'est ce sentiment qui l'a fait agir, et que Tombouctou ne fût cerné, le jeune enseigne, sans réfléchir aux conséquences de son équipée, partit sur-le-champ, emmenant avec lui son maître de timonerie européen, et dix-huit laptots, munis seulement chacun de dix-huit cartouches.

Effectivement, non loin de Kabara, de l'autre côté d'un marigot, à un endroit nommé « *Our' Maïra* » ce qui veut dire : « On n'entend pas, » les indigènes prétendant qu'en ce point on n'entend ce qui se passe, ni de Tombouctou ni de Kabara, les Touaregs étaient campés paisiblement auprès de leurs troupeaux. Immédiatement on ouvrit sur eux un feu nourri qui les fit fuir en toute hâte, et en quelques minutes les laptots eurent épuisé leurs munitions. L'enseigne Aube ne s'en jeta pas moins follement à la poursuite des fuyards, égaillant sa troupe sur une longueur d'environ deux cents mètres. Les Touaregs, n'entendant plus de coups de fusil, s'arrêtèrent, considérèrent le peu d'hommes qu'ils avaient devant eux, et, revenant sur leurs pas, chargèrent avec furie la petite troupe qu'en raison de son dispersement ils purent massacrer un par un. Le commandant Boiteux, prévenu, accourut avec quelques hommes, mais ne put que voir s'enfuir l'ennemi, ramasser les cadavres des imprudents, et faire planter une croix sur laquelle on cloua l'inscription suivante un peu emphatique :

Our' Maïra (*On n'entend pas*)

Ici sont morts, en attaquant une armée
de Touaregs et d'Arabes
Aube Léon, enseigne de vaisseau,
Le Dantec, second maître de Timonerie
Isaac N'diaye, Cantara-coré, Diakounta Samoré
et quinze autres laptots fidèles
Le 28 décembre 1893
Tombouctou entendit, accourut
et les vengea aussitôt.

A la suite de cet incident, les Touaregs, surpris de leur victoire sur les blancs, reprirent audace, et après avoir pillé et détruit en partie le village de Kabara, annoncèrent ouvertement

qu'ils attaqueraient Tombouctou. Les tribus des
Tenguéréguiff, des Keltemoulaï, des Iregenaten,
des Kel-Antassar se rassemblèrent et se mirent
en mesure de surprendre la ville. Heureusement
pour nous, dans une discussion sur le partage à
venir du butin, la tribu de Kel-Antassar fit défection et l'attaque fut retardée. Cela sauva la
garnison jusqu'à l'arrivée de la colonne Bonnier qui se trouva devant Tombouctou le 10 janvier au matin. Le commandant Boiteux se porta
à sa rencontre, mais il fut reçu vertement par
le colonel, qui après lui avoir reproché d'être
l'auteur de la destruction de Kabara, le renvoya
séance tenante à la flottille, lui, ses laptots et son
canon, avec une grave punition disciplinaire, et
défense de reparaître à Tombouctou. — Il devait y revenir, hélas !

IV

—

Le colonel Bonnier entra donc à Tombouctou
non pas, comme on l'a dit au milieu de l'indifférence des habitants, puisqu'une grande partie de la ville était sortie pour le voir arriver,
mais provoquant une détente de soulagement
chez les uns, une recrudescence d'inquiétude
chez les autres. Le chef et quelques notables,
dans la crainte de représailles futures des Touaregs, et mal rassurés sur l'issue de notre conquête, s'étaient enfuis à Araouan dès l'arrivée
de la troupe Boiteux. Néanmoins la ville con-

serva son aspect paisible, dans une attente inerte des événements.

Les troupes étaient à bout, les officiers hors d'haleine, et chacun croyait enfin jouir, au moins pendant quelques jours, d'un repos bien mérité. Mais le vent de folie soufflait toujours. Le jour même, le colonel Bonnier donnait ses ordres et prenait ses dispositions pour une nouvelle expédition. Il laissait à Tombouctou le capitaine Philippe avec une partie de sa compagnie, l'interprète militaire Josse, l'artillerie et la compagnie Pansier. Cruelle ironie, il ne cessait de faire ses recommandations au capitaine Philippe : « Surtout, répétait-il, dites bien au capitaine Pansier de faire grande attention et de se garder, surtout la nuit. » Précaution qu'il devait négliger lui-même.

Il emmenait avec lui le reste de sa colonne, y compris tout son état-major. On ne s'explique pas la présence de tout un état-major dans une reconnaissance, ce qui est absolument contraire aux règlements militaires, à moins qu'on n'admette, ce qui paraît plausible, qu'après sa jonction avec la colonne Joffre, Bonnier n'ait eu l'intention de revenir à l'Est, et de continuer sa vaste expédition sans repasser par Tombouctou, évitant ainsi d'être touché par les ordres que lui apportaient le lieutenant Dulaurens et le lieutenant Noël, dont un courrier rapide lui avait appris le départ de Ségou.

On avait signalé, disait Bonnier, de nombreux campements touaregs vers l'Ouest, près de Goundam, et, la colonne Joffre devant venir par là, il fallait, sans perdre une minute, les écraser entre deux feux. La colonne resta vingt-quatre heures l'arme au pied, attendant les approvisionnements que le capitaine Regad réunit à grand'peine, et le 12 dans l'après-midi on partait vers Goundam, avec trois jours et demi de vivres.

Et alors commença le dernier acte du drame. Pendant trois jours on marcha, péniblement, dans ce sable auquel nos tirailleurs n'étaient pas encore habitués, les officiers et les européens montés sur des bourriquots étiques, et la colonne ne pouvant avancer que par étapes de dix ou quinze kilomètres.

Le 13 janvier, à Tinguilà, on surprend de nom-

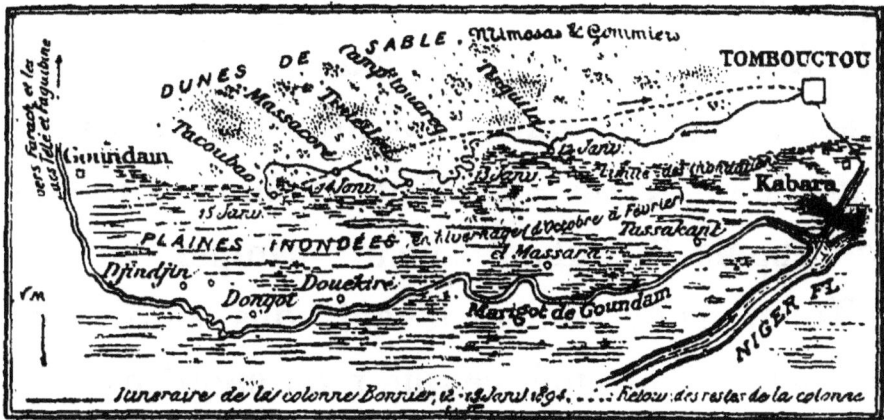

DUNES DE SABLE. Mimosas & Gommiers

TOMBOUCTOU

vers Farach et le sud Télé et Raguibine

Ginnidam

Tacoubao

Massaon

Taoubao

Bonfirounang

Tegalia

Kabara

Laghi

15 Janv.

Dihan

Ligne des mondes

PLAINES INONDÉES

en hiver Marigot d'Octobre à Février

Tassakant

Djindjin

Dongoi

Douckire

el Massara

Marigot de Goundam

NIGER FL.

Itinéraire de la colonne Bonnier, le 15 Janvier 1894. ..... Retour des restes de la colonne breux campements touaregs, on leur tue quelques captifs, et on leur prend six cents moutons ; le soir, à Tintéïlou, non loin du marigot de Goundam, on capture encore trois mille têtes de bétail.

Le 14, dans l'après-midi, on bouleverse à Massacoré, près de Dongoï, un campement de Touaregs Tenguéréguiff qui s'enfuient à notre approche, nous abandonnant cinq femmes, des enfants et un troupeau de bœufs. A six heures du soir, en pleine nuit, et au milieu des derniers coups de fusil, on s'arrêtait exténué, à un endroit appelé Tacoubao, sur un campement que les Touaregs évacuaient devant nous, sans avoir seulement remarqué, ce que mon enquête a établi, que depuis Tombouctou, et surtout dans cette dernière journée, la colonne était suivie, ou plutôt conduite par de nombreux Touaregs dont l'audace alla jusqu'à égorger, à quelques pas de la troupe, deux porteurs de vivres et le domestique d'un officier, détail auquel le colonel ne prit pas garde, tant était grande son insouciance du danger.

On avait laissé à Massacoré, à sept kilomètres,

sous la garde du lieutenant Sarda et de quelques
sous-officiers européens un convoi d'hommes
fatigués et un peloton, avec les troupeaux pris
jusque-là, mais on avait encore en tête une
grande quantité de bétail.

On s'installa, dans l'ombre, sur le campement
évacué, au centre d'une presqu'île bordée par
les inondations du fleuve et d'environ cinq cents
mètres de large. — Le campement s'étendit au
milieu des mimosas très espacés et formant de
larges clairières, l'état-major au centre, le capitaine Tassart avec sa compagnie à l'ouest, et
le lieutenant Bouverot avec son peloton à l'est.
Entre ces trois points les bœufs et les moutons.

Comment se fait-il qu'après une journée aussi
mouvementée, puisque les derniers coups de fusil furent tirés à six heures du soir, sur le campement même, on n'ait point pris la précaution
de se garder ? Le fait est incompréhensible, ou
alors la fatigue devait être plus forte que le souci
de l'existence. Quoi qu'il en soit, on ne prit point
pour la première fois depuis le début de l'expédition, la précaution, d'abord de se former en

TACOUBAO

Massacore

Endroit où fut retrouvé Bagdd

Gommiers

Mimosa

Arrivée des Gommiers-tirailleurs

Arrivée des Cavaliers-tirailleurs

Arrivée des Capit. à pied

Sentinelles

Capitaine Tassart

Comp. Tassart

Vaisseaux

Peloton Béhuary

ÉTAT-MAJOR

Riverrnage

Fossé creusé pour les indigènes

Parc aux bestiaux

Fondation

_____ Itineraire de la Colonne. _____ Marche de l'Attaque. _____ Retour avec le Cap.ᵉ N'gaee

carré, puis de s'entourer à proximité du camp de la haie d'épines indispensable pour se préserver d'une surprise. En outre les postes de garde qu'on doit poser en avant du carré furent négligés et remplacés par trois sentinelles placées presque devant les faisceaux *qui n'auraient pas dû être formés*. Du côté de la compagnie Tassart, les hommes se trouvaient à plus de quinze mètres de leurs fusils.

On commit en outre l'imprudence d'allumer des feux au milieu du bivouac, ce qui fait que, de la brousse, les vedettes ennemies purent se rendre compte de la disposition des troupes et de la place exacte occupée par les officiers. Aussi ne s'y trompèrent-ils point. Tout le monde, et les premiers les noirs de faction, s'endormit, ou plutôt s'engourdit, car, à cette époque de l'année, les nuits sont très froides, et le thermomètre descend jusqu'à 3 et 4 °. J'ai même recueilli ce détail : le vétérinaire Lenoir et le capitaine Livrelli, pour lutter contre le froid, avaient l'habitude de s'enrouler côte à côte dans la même couverture. C'est ainsi que la mort les a surpris.

Dans la nuit, des rumeurs vagues autour du
camp, des hennissements de chevaux, une sorte
de bruissement imperceptible de la brousse
mirent en éveil quelques officiers, entre autres le
commandant Hugueny, que le colonel ne voulut
point entendre, et surtout l'interprète Aclouch,
qui en sa qualité d'arabe connaissant les mœurs
des Touaregs, sentit le danger. Il fit remarquer
au colonel qu'il y avait lieu de craindre une
attaque imminente des Touaregs, qui certainement allaient tenter de reprendre leurs femmes
et leurs enfants, à la perte desquels ils sont
toujours très sensibles. Rien n'y fit. Aucun
avertissement ne fut entendu. Le sort en était
jeté.

Dans la nuit, le colonel se lève plusieurs
fois, se promène avec agitation pendant quelques minutes et revient s'étendre près du feu
sur sa couverture. Vers quatre heures du matin
il s'endort.

A quatre heures et demie du matin une sen-
tinelle, brusquement tirée de sa torpeur par
l'arrivée d'une troupe hurlante fait feu et donne
l'alarme, mais trop tard. Une bande de captifs

touaregs se trouvait déjà entre les faisceaux qu'ils renversaient et les hommes endormis qu'ils égorgeaient. En même temps les cavaliers faisaient irruption de deux côtés à la fois et se dirigeaient droit sur l'état-major. Le colonel qui était debout fut en un clin d'œil frappé de plusieurs coups de lance qui l'abattirent. Quelques tirailleurs s'étaient repliés vers le chef, mais la plupart étaient désarmés, et les autres ne pouvaient faire usage de leurs armes dans le désordre indescriptible de cette attaque soudaine. Le lieutenant Bouverot, qui accourait, ne put arriver jusqu'au colonel et tomba, à quelques pas de lui, mortellement frappé. Les autres officiers essayèrent de se défendre et tirèrent même quelques coups de revolver qui tuèrent quelques Touaregs, mais dans cette mêlée corps à corps ils ne purent se faire jour et furent massacrés en quelques instants. Le commandant Hugueny, qui, évidemment, ne dormait pas, saisit un fusil des mains d'un tirailleur, le sergent Boubousso, et essaya de rallier quelques hommes, mais sans pouvoir y réussir. Les bœufs, que les captifs poussaient au milieu du combat, galopaient,

affolés et meuglant et renversant les quelques
faisceaux qui étaient restés debout.

En somme, personne ne put se défendre, les
cartouches de revolver, depuis longtemps dans
l'arme, ne partant pas, et les officiers, par une
déplorable habitude, n'ayant point de sabre,
qu'on laisse, même encore aujourd'hui, au râte-
lier, comme un objet trop encombrant. Je ne
prétends pas que cela les eût sauvés, mais une
arme blanche dans une mêlée fait souvent plus
de besogne que l'arme à feu.

Les officiers, deux sous-officiers, soixante-
quatre tirailleurs indigènes, tous les porteurs,
domestiques et âniers furent massacrés. Seuls,
les deux sergents Beretti et Lalire qui s'étaient
enfuis dès le début de l'affaire, le capitaine
Regad et le capitaine Nigote, ce dernier blessé à
la tête, purent s'échapper. Malheureusement
Regad s'égara dans la nuit, et, tournant le dos
au convoi, fut rejoint par les assaillants à quinze
cents mètres de là, et tué. Son cadavre seul fut
retrouvé décapité et à moitié vêtu, ce qui ferait
croire qu'il a pu être assassiné par des alliés des
Touaregs, peut-être des gens de Dongoï. Le

capitaine Nigote longeait la limite des inondations et allait s'exposer au même sort, lorsqu'il
rencontra un caporal de tirailleurs qui, l'obli-
geant en quelque sorte à le suivre, le remit
dans la bonne voie et l'aida à franchir un marigot au delà duquel ils se trouvaient hors de danger. On rejoignit le convoi à Massacoré, où on
trouva le lieutenant Sarda déjà informé et prêt
à se porter en avant. Et ici, une lacune. Pour-
quoi le lieutenant Sarda, avec ses tirailleurs
disponibles et les fuyards ralliés n'essaya-t-il
point de se porter au secours de ce qui pouvait
encore rester? Est-ce sur l'affirmation du capitaine Nigote que tout était fini et qu'il n'y avait
plus aucune utilité à s'exposer? Est-ce en vertu
d'ordres formels reçus? Le lieutenant Sarda est
mort à Tombouctou le 12 mars suivant, et le
capitaine Nigote à Kita en octobre. Un seul fait
reste indiscutable, c'est que le capitaine Nigote,
de sa propre autorité et alors que sa situation
d'officier hors cadre ne le lui permettait point,
sans compter qu'en outre il était blessé, prit le
commandement du convoi confié à M. Sarda,
lui fit prendre séance tenante la route de Tom-

bouctou, et que rien ne fut tenté à ce moment,
non point pour secourir la colonne, mais pour
en protéger les restes.

Les Touaregs, ce jour, après s'être acharnés
avec sauvagerie sur leurs victimes, dépouillèrent
les cadavres entièrement, enterrèrent leurs
morts, car il y en eut, des tombes fraîchement
creusées non loin de là l'ont établi, et quelques
heures après ils s'éloignèrent dans la brousse
pour se partager le butin.

On peut estimer à un millier le nombre des
assaillants, appartenant à plusieurs tribus puisque chez toutes on retrouva dans la suite des
vestiges de leurs prises, dont une moitié de
Touaregs à cheval et l'autre de captifs noirs et
d'auxiliaires, à pied. Cette surprise douloureuse
est d'autant plus déplorable qu'il eût suffi de
vingt fusils disciplinés pour mettre en déroute
cette bande de pillards et de malfaiteurs.

V

Pendant que s'accomplissait ce tragique événement, le capitaine Philippe, qu'on me semble avoir bien oublié depuis, laissé à la garde de Tombouctou, était fort inquiet. « Je serai là le 15, au plus tard le 16, lui avait dit le colonel Bonnier », et la journée du 16 s'était écoulée sans qu'il vît personne. Le capitaine hésitait. Que faire ? Aller à leur rencontre ? Leur envoyer des vivres ? Il résolut d'attendre encore la journée du lendemain. Vers midi, on aperçoit dans la brousse un groupe de tirailleurs. Le capitaine se porte à sa rencontre, et au lieu de la colonne

3

attendue, se trouve en face de fuyards affolés qui apportent la triste nouvelle. On se concerte sur la marche à suivre, le capitaine est fort perplexe, lorsque à quatre heures arrivent les officiers porteurs d'un courrier du gouverneur, relevant de leur commandement le colonel Bonnier et le commandant Joffre, qui doivent immédiatement rallier Kayes, et nommant le commandant Hugueny commandant des troupes qui devront faire retour dans leurs garnisons. Ces ordres ne pouvant plus être exécutés, on résolut de se mettre à la recherche de la colonne Joffre pour hâter son arrivée. Le lieutenant de vaisseau Boiteux revint prêter main-forte à la garnison, et il fut décidé qu'avec les canonnières, les chalands disponibles et quelques pirogues, il irait sans retard au marigot de Goundam, tandis que par terre le capitaine Philippe, avec ce qui lui restait de sa compagnie, irait reconnaître le pays jusqu'au même endroit pour en faciliter la traversée.

On rencontre la colonne Joffre en train de franchir le marigot, le 1er février, et le 8, on parvient à Tacoubao, où on retrouve les restes de la colonne Bonnier. Une commission, de laquelle on a peut-être eu le tort d'exclure certains officiers plus particulièrement liés avec quelques-uns des morts, est aussitôt nommée pour en opérer la reconnaissance, qui n'a lieu que pour quatre officiers, tous les corps étant nus et méconnaissables. On établit cependant l'identité pour le colonel Bonnier, les capitaines Regad et Tassart et le docteur Graal.

Et encore n'a-t-on pris une décision que sur des apparences fort vagues, en ce qui concerne particulièrement le colonel Bonnier. Il eût mieux valu, dans ces conditions, puisqu'il était indiscutable que les treize Européens disparus se trouvaient là, faire un effort pour les reconnaître tous, ce qui eût évité aux familles de ceux restés inconnus les difficultés de la loi sur les disparus.

Quant aux autres, Hugueny, Sensarric, Lenoir, Bouverot, Livrelli, Garnier, Aclouch, et les sous-officiers Gabriel et Etesse, on ne put que réunir leurs ossements, qui ont été inhumés ensemble à Tombouctou à côté des tombes séparées des précédents dans l'ordre où ils sont cités.

Ces tombes, de forme rectangulaire et suréle-
vées d'un mètre environ du sol, celle du colonel
un peu plus haute sont en banko, c'est-à-dire en
mortier de terre battue, et surmontées d'une
croix portant en lettres ajourées dans une plaque
en zinc, le nom des héros qui dorment dans cet
humble cimetière, à quelques pas de cette ville
dont le nom magique les avait tant fascinés.

Leurs restes, préalablement incinérés dans les
peaux de bouc qui avaient servi à les transporter de Tacoubao, furent inhumés le 13 février
1894, devant toutes les troupes, et au milieu
d'une grande affluence de population curieuse
et sympathique. Le commandant Joffre adressa
à ses camarades quelques paroles d'adieu, et
leur promit de les venger. Il tint parole.

VI

Je vais maintenant, pour terminer cette tragique histoire, suivre rapidement les opérations de la colonne Joffre de Ségou à Tombouctou, colonne qui eut aussi ses moments épiques, mais qui surtout fut une longue suite de privations et de souffrances.

La colonne, partie un jour après le colonel Bonnier, par l'itinéraire que j'ai indiqué, parcourut en soixante-dix-sept jours, au milieu de difficultés de toutes sortes, plus de huit cents kilomètres. A Boulavi, à une journée de marche avant Nampala, on ne trouve qu'un puits

donnant une vingtaine de litres d'eau par heure,
et la colonne n'a pas bu depuis la veille. Il fallut toute une journée et toute une nuit pour
désaltérer le convoi. On dut faire entourer le
puits par une escouade de tirailleurs, baïon-
nette au canon, pour empêcher les noirs de s'y
ruer. Bien qu'on eût laissé une partie du convoi en arrière, il périt de soif, de faim et de
fatigue une centaine de porteurs. A Nampala,
on en perdit encore une soixantaine, et le reste
de la route coûta encore trois cents indigènes à
la colonne.

A Niafounké, on dut, pour passer et s'approvisionner, attaquer le village dont les guerriers
s'étaient mis en état de défense. Grâce à l'artillerie et aux feux de salve qui en quelques instants en tuèrent une centaine et blessèrent le
chef Nioukou, on put reprendre la marche vers
Goundam, où l'on arrivait le 24 janvier.

Là une déception attendait le commandant.
Le marigot de Goundam, large de trois cent
cinquante mètres et d'un courant très rapide,
marigot dont l'itinéraire ne prévoyait point les
difficultés de passage, barrait la route. D'autre

part, le chef de colonne ne trouvait là, comme il avait le droit de s'y attendre, ni nouvelles de Tombouctou, ni reconnaissance venue à sa rencontre, puisque d'après les probabilités le colonel Bonnier devait y être depuis au moins quinze jours, ni pirogues pour passer.

De l'autre côté du marigot, les Touaregs étaient campés, et on se trouvait dans l'impossibilité de les atteindre. Le 30 janvier, on ouvrait bien sur eux un feu d'artillerie, mais ils évacuaient leurs campements.

Le commandant Joffre n'en décida pas moins de tenter le passage à la nage, mais les premiers et meilleurs nageurs qui l'essayèrent, emportés par la violence du courant, eurent toutes les peines du monde à regagner la rive.

Le commandant envoya alors le capitaine Prost à Tendirma où on lui signalait des pirogues. Par une énergique marche de nuit, ce dernier arrivait à Tendirma, où il réussissait à réunir trois pirogues qu'il fallut porter une partie du chemin. Au retour, il ramena une quatrième pirogue qu'il put trouver sur le marigot.

Le passage était presque effectué lorsque arrivèrent la compagnie Philippe puis la flottille.

C'est à Goundam que le commandant Joffre apprit le désastre de Tacoubao, en même temps que l'ordre qui le relevait et nommait le commandant Hugueny à Tombouctou. En présence de la nouvelle situation, le commandant Joffre, en sa qualité de plus haut gradé, prit le commandement des troupes et s'achemina vers Tombouctou.

Tout d'abord, pour assurer sa route, il envoya, le 1er février, le capitaine Prost et ses spahis à la poursuite des Touaregs qui s'étaient enfuis vers la montagne. La reconnaissance revint le lendemain après avoir tué une quarantaine d'hommes.

Le 8 février, on était à Tacoubao, et le 12, le commandant Joffre consacrait, par son entrée à Tombouctou, notre occupation définitive de ce pays.

Il me reste un dernier point à signaler qui, à l'heure actuelle, n'est plus qu'une question de détail, c'est le plan de la campagne entreprise par le colonel Bonnier, plan qui consistait à occuper Tombouctou, à descendre le cou⬤ du

Niger jusqu'à Say, et à revenir vers l'Ouest par Kong, pour surprendre Samory et l'écraser entre la colonne et celle du commandant Richard, qui pendant ce temps venait à la rencontre du colonel Bonnier par le Sud, et qui, déjà en route vers Kong, apprit à Niossomorobougou, à la fin de janvier, le désastre de Tacoubao, nouvelle qui l'arrêta et le fit revenir à Kankan.

Ce plan titanesque et irréalisable par suite du manque de préparation et du peu de ressources disponibles nous eût valu un irrémédiable échec si les événements de Tombouctou et la désorganisation qui les a suivis n'eussent anéanti, dans la première partie de son exécution, ce gigantesque projet. Et certainement on peut affirmer qu'à dater de son départ de Bammako, le colonel Bonnier était voué à la mort. De la campagne qu'il entreprenait, dans des pays stériles et sans ressources, il ne serait revenu personne.

VII

On a beaucoup parlé, beaucoup écrit sur l'occupation de Tombouctou et le désastre qu'elle a causé. On a surtout exagéré, dans des proportions considérables et avec une mauvaise foi insigne, certaines responsabilités, jusqu'à formuler l'accusation d'assassinat, et il convient de donner une note juste au milieu des polémiques passionnées qui ont suivi ces graves nouvelles, note qui est donnée par l'exposé impartial des faits.

En ce qui concerne le gouvernement, on peut reprocher au ministère d'avoir tenu le colonel

Bonnier dans l'ignorance des nouvelles dispositions prises à l'égard de la colonne alors qu'il en
avait encore le commandement. On aurait peut-
être pu ainsi refréner sa fougueuse impatience.

Le colonel Bonnier, lui, avait la décision
trop prompte, et les difficultés d'exécution, dont
l'aplanissement seul fait le succès d'une guerre,
ne comptaient pas pour cet officier audacieux.
De là, l'erreur d'avoir décidé trop rapidement
cette vaste entreprise, sans en avoir un seul instant étudié les détails ni mûri l'exécution.
Puis une grande susceptibilité, conseillère de
l'indiscipline, qui fit qu'il considéra comme un
manque d'égards l'ignorance où on le laissa des
nouvelles dispositions prises à l'égard de la colonne, et dont la conséquence fut que, pour y
répondre, il partit en toute hâte pour son expédition, sans en avoir conféré, de Bammako,
avec le nouveau chef qu'on lui donnait, et alors
qu'il n'y avait point péril en la demeure, l'occupation de Tombouctou pouvant attendre quelques jours, quelques semaines même. L'aigreur
qu'il en ressentit fut un peu cause de sa marche
déséquilibrée et de cette insouciance des détails

qui devait, hélas! entraîner un désastre dont il fut la première victime.

Quant au lieutenant de vaisseau Boiteux, il s'est conduit comme un écolier désobéissant qui est heureux de faire une niche à son maître, et son indiscipline l'a amené à compromettre un instant le succès d'une œuvre dès longtemps préparée et à mettre en jeu sur la table du hasard la sécurité des populations qui nous appelaient, et, ce qui est plus grave, notre sécurité nationale.

Et enfin une autre responsabilité, qui à elle seule peut singulièrement atténuer toutes les autres, et qui surgit au moment où une grande partie de ces événements a été menée par lui, celle du général d'artillerie de marine Borgnis-Desbordes, jusqu'alors grand manitou du Soudan, qui, atteint d'une soudanite aiguë, avait commis la lourde faute de diriger de ses avis, de ses conseils, et presque de ses ordres son ancien officier d'ordonnance, le lieutenant-colonel Bonnier, dans un pays où ils n'avaient plus ni l'un ni l'autre aucune autorité matérielle, l'encourageant ainsi à poursuivre l'œuvre rêvée de l'artillerie de marine, au mépris des pouvoirs nouveaux qui s'établissaient.

En résumé légèreté partout, et c'est la légèreté qui nous perd toujours, nous autres Français. Cette qualité parisienne est un gros défaut au Soudan.

Le Sahara est maintenant gardé au nord et au sud par deux cadavres d'officiers supérieurs, Flatters et Bonnier, morts dans les mêmes conditions et à la suite des mêmes erreurs. Que ceux qui leur succéderont ne l'oublient pas!

DEUXIÈME PARTIE

L'OCCUPATION

I

Le commandant Joffre est à Tombouctou, et s'y installe solidement à l'abri de toute surprise. Il campe, en dehors de la ville, quelques jours pendant lesquels il en fait démolir toute l'extrémité sud pour y faire commencer sans retard la construction d'un fort. Puis, le premier moment d'émotion passé, on songe de suite à la vengeance. Il fallait une éclatante revanche à cette défaite.

Les Kel-Antassar, les Tengueréguiff, les Kel-
temoulai, les Iregenaten, les Cheriffen campaient
de tous côtés aux abords de Tombouctou ; on les
signalait par centaines sur la route de Goundam.
Il fallait sans retard dégager la ville et ses alen-
tours, sous peine de voir se resserrer ce cercle
d'ennemis et d'être en butte à des. alertes inces-
santes. Le plan était donc celui ci : en détruire
le plus possible pour venger nos morts, et rejeter
le reste en plein désert, pour les isoler et les af-
famer, en un mot leur interdire, pendant la
saison sèche, l'accès du fleuve et des marigots
où seuls ils peuvent abreuver leurs troupeaux.

Le colonel Joffre, qui avait été promu lieutenant-colonel aussitôt après son arrivée à Tombouctou, laissait donc un instant reposer ses troupes, et pendant ce temps faisait étudier le terrain
autour de lui et s'entourait de tous les renseignements nécessaires pour mener à bien cette campagne. Il apprenait ainsi qu'il n'y avait autour de
Tombouctou que quelques tribus guerrières coa-
lisées contre nous. Il fallait donc de suite se diriger
contre ces tribus qui gênaient l'établissement du

poste de Goundam commencé par le capitaine Philippe.

Le capitaine Gautheron est chargé d'une première reconnaissance contre les Iregenaten. Il les surprend le 10 mars, à l'île de Koura sur le Niger, et se met avec les quarante-six fusils dont il dispose, à leur poursuite, leur tue quelques hommes et leur capture un grand nombre d'animaux dont on abat la plus grande partie sur place, ne pouvant les emmener. M. Gautheron retrouve aussi quelques objets ayant appartenu à la colonne Bonnier, entre autres la lanterne du vétérinaire Lenoir et la cafetière du docteur Graal.

Pendant ce temps le colonel préparait une action combinée des garnisons de Tombouctou et de Goundam, afin d'anéantir les Tengueréguiff. Le 22 mars, le capitaine Gautheron surprend à Daouré, près de Diré, leurs campements et leur tue quelques hommes. Puis il se met à leur poursuite et le lendemain 23, au lever du jour, il se trouve en face d'une dune occupée par cinq ou six cents Touaregs, dont deux cents cavaliers. Il ouvre le feu sur eux, ceux-ci ripostent maladroitement avec les fusils pris à Tacoubao, puis, se mettant en mouvement, les hommes à pied pour suivre suspendus à la queue des chevaux, chargent furieusement notre ligne. Ils avaient compté sans la rapidité de tir de nos armes à laquelle ils n'étaient point habitués, et qui en quelques feux de salve les arrête net, leur tuant en quelques secondes soixante hommes dont quelques-uns viennent tomber à quinze mètres des tirailleurs. Trois chefs sont frappés à mort. La démoralisation est instantanée et le reste tourne bride à fond de train. On les pourchasse pendant quelques kilomètres et ils vont se heurter à l'escadron de spahis qui les sabre et leur fait quarante prisonniers.

On reprend dans ce combat neuf de nos fusils, quelques baïonnettes, un revolver d'officier et un millier de cartouches, et on retrouve les galons du lieutenant-colonel Bonnier, une jumelle et la trousse du docteur Graal.

Le lendemain, le gros de la colonne, sous les ordres du colonel, les surprend encore à Sansan, se met à leur poursuite, capture cent femmes et enfants, six mille têtes de bétail, des tentes en cuir et reprend encore un de nos fusils.

Ces différentes affaires avaient coûté aux Ten-guéréguiff, principaux auteurs de la surprise de Tacoubao, tous leurs chefs, cent vingt guerriers blancs, cent cinquante prisonniers et tous leurs troupeaux. Il y a donc lieu de considérer cette tribu comme anéantie. Enfuis au nord, vers les lacs, ceux qui ont échappé, sont allés se mêler aux autres tribus.

Ces représailles eurent pour conséquence im-médiate d'atterrer les autres groupes et de ren-dre une absolue confiance à nos tirailleurs indi-gènes que le désastre de Tacoubao avait démo-ralisés.

Le colonel prend encore la direction d'une reconnaissance contre les Iregenaten sur la rive droite du fleuve, mais par suite d'une erreur des guides ne peut écraser les campements mis en éveil. Néanmoins, le 24 avril, il leur tue en-core quelques hommes à Aghelal, fait trente-cinq prisonniers et capture du bétail.

Le pays commençait à s'apaiser, lorsque, le 27 mai, les Touaregs reviennent à Dongoï qui s'était soumis à notre autorité, s'en emparent, et massa-crent le chef du village et 14 notables. Fait assez curieux c'est que, chaque fois qu'ils procèdent à une exécution de ce genre, les Touaregs préviennent à l'avance leurs victimes du jour ou plutôt de la nuit et de l'heure de leur arrivée, et que celles-ci ne songent point à se soulever en masse pour les repousser.

Une expédition est décidée et le capitaine de spahis Lapérinne, renseigné sur leur marche, tend aux Touaregs, le 28 juin, avec le sous-lieutenant indigène Sadioka une embuscade à la montagne de Fati, à Karao-Kamba. Un groupe d'Iguellad, chargés de butin, de troupeaux et de captifs provenant du pillage de Douékiré, y tombe. Quarante-cinq guerriers, le chef Djeddou sont massacrés. On capture des chameaux, des chevaux, des ânes, des bœufs, et là encore on retrouve deux de nos fusils.

Pendant ce temps, le 27 juin, le capitaine Puypéroux envoyé de Tombouctou en reconnaissance contre les Iregenaten, qui le 20 avaient pillé des campements de Maures Bérabisches, nos alliés, les surprend à Aghelal, leur tue seize hommes et fait quelques prisonniers.

Mais d'autre part, les Imededghen, qui avaient

fait leur soumission se sauvaient pour la seconde fois emmenant un gros troupeau à eux confié. Ils tuaient en passant le chef de Tassakant, incendiaient nos campements et se réfugiaient au nord vers les lacs. Une reconnaissance de Tombouctou à Goundam ne nous permit que de ramasser quelques captifs égaillés dans la brousse. Le village d'Ougoukoré était aussi pillé et la terreur était telle que les habitants se sauvaient dans toutes les directions. Ils ne reviennent que peu à peu et sur l'assurance que nous leur donnons que nous les protègerons et que leurs terribles maîtres seront définitivement anéantis ou chassés.

Les Touaregs essayaient encore, et essaieront toujours d'ailleurs, des surprises contre nous et nos alliés ou auxiliaires. Les Kel-Antassar étaient venus s'établir à Farasch, à trente kilomètres nord de Goundam. Le 12 juillet, une reconnaissance partait contre eux sous les ordres du capitaine Gérard. Mais avertis à temps par un de leurs guetteurs postés sur la montagne, guetteur qui fut pris et fusillé, nous arrivions sur un campement presque totalement abandonné où nous ne pouvions capturer que quelques femmes, des enfants et un petit troupeau.'

A cette époque la route de Goundam était complètement dégagée, les fractions de Touaregs rebelles rejetées fort loin de nos centres, et hors d'état de nuire, du moins pour un certain temps. Cette guerre ingrate, fatigante et énervante de poursuites et de surprises était à peu près terminée, et les morts de Tacoubao bien vengés. Nous verrons tout à l'heure ce qu'il y aurait lieu de faire pour assurer l'entière pacification du pays.

II

Dès la première défaite des Touaregs, et surtout après les combats de Goro, Diré et Sansan, la confiance était revenue chez les habitants de Tombouctou, et surtout chez les tribus voisines qui, dès le début s'étaient rangées sous notre autorité. Parmi celles-ci, les Bérabisches, peuplade maure occupant un vaste territoire à l'est de Tombouctou, avaient poussé cette confiance jusqu'à nous aider de leurs armes et de leurs moyens, nous fournissant des guides et prenant part à nos engagements. Il est nécessaire toutefois d'ajouter, ce qui d'ailleurs n'a rien de surprenant

chez ces races avant tout cupides et pillardes,
non par intérêt mais par véritable besoin, qu'ils
ne le faisaient que dans un but de domination
future, heureux d'aider à l'anéantissement des
Touaregs, pour hériter, dans une mesure plus
modérée il est vrai, de leurs prérogatives et de
leur autorité.

En même temps qu'il procédait à la répres-
sion du brigandage, le colonel Joffre s'occupait
d'asseoir paisiblement notre pouvoir dans toute
la région.

Il obtenait successivement la soumission des
Cheurfiga, des Ahl-Aoussa, des Kel-Incheria, des
Kel-Nekounder, des Ahl-Sidi-Ali, etc., toutes
populations blanches, arabes et touaregs, soumission que la versatilité de ces indigènes fait
dépendre, on l'a vu pour les Imededghen, du
moindre événement qui se tournerait contre
nous, mais qui provisoirement assure en grande
partie notre sécurité.

Quant aux tribus touaregs, elles sont telle-
ment assujetties aux caprices de la fortune qui
les fait tantôt vassales les unes des autres qu'il
n'y a pas lieu de se fier à la soumission de cel-

les que leur situation inférieure actuelle vis-à-vis des autres, leur intérêt personnel et surtout la faim amène vers nous, car nous pourrions fort bien être un jour le bûcheron de la fable qui a réchauffé un serpent. Nous n'avons en effet, parmi nos protégés, ni la grande tribu des Aouelimmiden, qui commande à tous les groupes à l'est, ni la tribu guerrière des Kel-Antassar et la tribu religieuse des Cheriffen, qui tiennent sous leur domination toutes les tribus de l'ouest jusqu'à Ras-el-Mâ. Le moindre vent contraire dans notre conquête peut ramener en un jour tous ces vassaux, tous ces captifs à leur maître et tout serait à recommencer.

Donc, nécessité de se maintenir sur la défensive et d'imposer, d'une façon continue et ferme, notre autorité et surtout notre force, seule loi reconnue par ces peuples sauvages. L'infériorité de cet ennemi nous rend d'ailleurs la tâche facile avec un effectif restreint.

Le colonel Joffre, et après lui le commandant Ebener qui lui succède à Tombouctou, semblent avoir compris cette situation, puisqu'à toute tribu qui se soumet ils assignent un territoire

fixe, où il lui soit impossible de nous nuire et
en général loin des autres tribus dont elle subis-
sait l'influence.

Une question se pose en effet. Ces gens n'ont
jamais vécu que de pillages, de rapines, et les
moins brigands d'impôts exagérés sur toute marchandise traversant leur territoire. Notre occupation leur supprime tout cela. Si nous les tolé-
rons près de nous, de quoi vont-ils vivre? Peut-
être, dans un temps donné qui ne peut qu'être
très long se mettront-ils à la culture du sol et à
l'élevage régulier du bétail, au lieu de le renou-
veler par des vols? Encore la misère est-elle
bien grande dans ce pays dépeuplé et appauvri,
où en ce moment le mil n'a plus de prix déterminé et s'achète de gré à gré entre un et trois
francs le kilogramme, tant il est rare, et faudra-
t-il que la France prête tout son concours pour
essayer de former à Tombouctou une population homogène de travailleurs soumis et utiles
et peut-être la France a-t-elle mieux à faire.

Car, de quelque côté qu'on envisage la question, c'est un avenir bien embrouillé et bien
aléatoire qui s'ouvre devant nous. Toute une ré-

gion à repeupler et à nourrir, la crainte d'insurrec-
tions sourdes qui peuvent chaque jour se lever devant nous, telles sont les difficultés dont un élément puissant, l'influence religieuse, venue surtout de la secte arabe des Snoussya, nous fait un
danger permanent.

III

Dans l'attente de cet avenir inquiétant, on a commencé à prendre à Tombouctou toutes les dispositions nécessaires au maintien de la paix. Pour arriver à un résultat, la première chose à faire était de tenir le plus grand territoire possible avec le petit nombre de troupes dont on disposait.

La création du poste de Kabara met Tombouctou à l'abri d'une surprise du côté du fleuve. Le poste de Goundam, où l'on a laissé une compagnie de tirailleurs et deux pièces d'artillerie, et un service régulier de reconnaissances de Goundam à Tombouctou éloignent les Touaregs, les empêchant d'y venir abreuver leurs troupeaux, de cette partie fréquentée par eux qui va du Niger au lac de Télé par le marigot de Goundam, et que ferme actuellement le nouveau poste d'El-Oualedji sur le Niger. Enfin un quatrième poste, sur la rive droite du Niger, celui de Saraféré assure la libre navigation du fleuve et protège le commerce qui se fait entre le nord et la région de Bandiagara-Djenné (Etats d'Aguibou), en même temps qu'il surveille ce dernier pays. Quant à Tombouctou, il est suffisamment gardé par un fort d'une superficie d'un hectare environ où sont centralisés tous les services, l'état-major et la garnison, fort construit en quelques semaines, sur un quartier rasé de la ville, avec une rapidité et une habileté rares. Naturellement il n'y a comme partout ailleurs depuis Bammako, ni pierre ni ciment. Le bois lui-même vient de très loin. Les constructions sont en banko, comme toutes les maisons, et assez solides pour résister à quelques hivernages. Un vaste magasin abrite les approvisionnements qu'en raison de son éloignement on est obligé d'accumuler à Tombouctou pour une année entière.

Et enfin la flottille du Niger, composée actuellement de deux canonnières hors d'usage, et de trois grands chalands en bois armés d'un canon à tir rapide, la flottille réintégrée dans son véritable rôle de bon gendarme dont la présence seule effarouche les malfaiteurs.

Mais j'estime qu'il serait imprudent de s'en tenir là. Les communications avec le reste de la colonie, par Ségou, ou par Socolo, qui exigent vingt jours de marche, sont trop lointaines. Il nous faut, dans la région nord, établir des postes intermédiaires destinés à former une ligne directe fermant le désert. Le poste de Soumpi, pour tenir le [Ras-el-Ma, s'impose; au cas de l'établissement d'une voie télégraphique il serait indispensable, puis d'autres dont le choix stratégique n'offrira pas grande difficulté. Il faut en un mot, que toutes nos forces, peu nombreuses et disséminées sur cette vaste étendue de plus de mille kilomètres, puissent se donner rapidement la main à la moindre alerte. C'est le gage indispensable de notre tranquillité et de notre sécurité commerciale au Niger.

Je parlais à l'instant de la ligne télégraphique. Elle est à l'étude en ce moment et deux projets se trouvent en présence ; une voie optique par Mopti, le lac Dhebo (montagne de Gourao), Saraféré (avec communication à Bandiagara), El-Oualedji, et la montagne de Goundam, et la ligne électrique de Nioro, par Socolo, Soumpi et Goundam.

La première nécessitera des constructions nombreuses de postes isolés, et difficiles à approvisionner, surtout en saison sèche, sans compter qu'il faudra les armer suffisamment pour les mettre à l'abri de toute attaque. Le fonctionnement des appareils sera soumis à la moindre intempérie, brumes, tornades, etc. La dépense en appareils, en établissement et en entretien sera au moins égale, sinon supérieure à celle de l'autre projet, et si notre occupation se maintient ce moyen de communication ne saurait être définitif.

L'autre projet qui consisterait à établir un fil de Nioro à Tombouctou par Socolo et les postes

dont je réclamais plus haut la création ; la seule
difficulté qu'il présente serait son peu de sécurité dans les premiers temps, à cause des malveil-
lances possibles des indigènes, mais cet état de
choses prendrait rapidement fin comme cela est
arrivé toujours, depuis Saint-Louis jusqu'à Ségou, et les postes de la route rendraient d'ailleurs
facile la surveillance de la ligne. Quant au Macina, il serait facile de le relier à ce réseau, et
sans dépenses, les inondations du fleuve ne per-
mettant pas la pose des poteaux, par deux postes optiques à Saraféré et El-Oualedji, ou même
directement Goundam. L'avantage doit donc, je
crois, rester à ce dernier projet, et il est urgent
de le mettre à exécution, la situation actuelle
exigeant plus de quarante jours pour correspon-
dre avec les pouvoirs de la colonie.

En résumé, si l'on met de côté le malheureux
incident du début, notre établissement dans la
région de Tombouctou s'est effectué à peu près
normalement, et il n'y a pas de raison pour qu'a-
vec un peu d'énergie et beaucoup de bienveillance, notre situation politique n'y soit pas plus
troublée que dans les autres parties du Soudan,

où nous avions pourtant devant nous de rudes
adversaires, tels que les Ahmadou et les Samory.
Ceci obtenu, que nous en reviendra-t-il ? Ici la
question se pose, grave et déconcertante, et l'é-
tude rapide de Tombouctou, de ses populations,
de son commerce, de ce que doit être son avenir,
suffira à peine à y répondre.

TROISIÈME PARTIE

TOMBOUCTOU

—

I

L'histoire de Tombouctou peut se résumer en quelques lignes. Construit vers le milieu du xviie siècle par des musulmans venus du Maroc, qui conquirent le pays sur les Songhaïs, dans un but de propagande religieuse, et sur l'emplacement d'un village qui servait d'entrepôt aux caravanes, Tombouctou fut d'abord, cela est certain, la ville sainte que la légende nous a léguée. Les trois

mosquées de Sidi-Yaya, de Djin-Djereber, et de
Sancoré qui subsistent, les vestiges de fanatisme
qu'on y rencontre, le récit que nous en fait Cail-
lié au commencement de ce siècle, nous démon-
trent qu'il y eut là, vers le sud, une tentative de
croisade musulmane et un ardent foyer religieux
où El Hadj Omar lui-même plus tard vint puiser
une nouvelle force pour ses audacieuses conquêtes.

En même temps l'influence de la civilisation
arabe donnait un grand développement au commerce qui faisait de Tombouctou le point central
de toutes les transactions entre le nord et le sud
du Sahara.

Tombouctou, depuis le commencement du siècle, a appartenu successivement à plusieurs maîtres ; les Abeys, les Songhaïs, les Peulhs, et enfin
les Toucouleurs, avec El Hadj Omar et Tidiani,
conquirent les uns après les autres la supréma-
tie de cette région. Et l'on s'explique facilement
que les peuples du sud aient tenu à la possession
de Tombouctou. Ceux du nord, et en dernier lieu
les Roumas, en avaient fait, je l'ai dit, le lieu des
transactions commerciales du Niger. L'éloigne-

ment de la métropole avait rendu pour le sultan du Maroc cette occupation difficile, de sorte que depuis longtemps ce dernier avait renoncé à y exercer une autorité directe, laissant en quelque sorte la ville se gouverner à sa guise.

La conséquence immédiate de cet abandon fut la décadence religieuse. Les zaouïas (monastères) se fermèrent, les mosquées s'effondrèrent, et en peu de temps la ville se trouva réduite à son seul marché, encore considérable, ce qui donna alors une grande force aux sectes fanatiques des Tidjanis d'abord, et actuellement des Snoussya, sectes qui se donnaient pour les rédemptrices et les réformatrices de la foi musulmane que les nécessités commerciales avaient considérablement, sinon amoindrie, au moins fait dévier vers un but plus intéressé.

La secte des Snoussya, aujourd'hui seule prépondérante, a, comme celle des Simon dans l'Afrique centrale, des ramifications dans tout le nord de l'Afrique jusque dans les bassins du Niger et du Sénégal. C'est une vaste agence de police et de renseignements dont la plupart des membres cèlent leur identité. Ils sont très croyants et pratiquent l'ascétisme sous ses formes les plus rudes. Ils ont pour centre de ralliement une ville de Lybie, Djerboub, où se trouve la maison mère et le grand marabout de l'ordre. Il y a lieu de tenir pour suspects, ou tout au moins exagérés certains renseignements donnés sur l'organisation politique, militaire, et sur les soi-disant archives de Djerboub, qui ne paraît être, comme jadis Djenné et Tombouctou, qu'un refuge de fanatiques, mais non un Etat civilisé.

Les Snoussya se sont donné pour mission de ramener à la stricte exécution des préceptes du Coran l'observation des rites musulmans ; ils ont, dans toutes les peuplades guerrières du Touat et du Soudan, des affiliés qu'ils chargent de châtier les réfractaires. Cela fait parfaitement l'affaire des Touaregs qui sous prétexte de servir Allah, trouvent une justification de leurs brigandages.

La proie facile de Tombouctou ne laissa pas de tenter les populations voisines qui y voyaient un fructueux capital à exploiter, en s'emparant en quelque sorte de la douane du désert au profit de leur commerce. De ces divers conquérants avant les Toucouleurs, les Songhaïs seuls semblent avoir conservé quelque autorité, puisqu'ils se sont maintenus dans le pays et qu'ils forment la grande partie de la population. Avec El Hadj Omar semble réapparaître le caractère religieux, mais cela dure peu, car, dans la crainte d'une dépossession le conquérant s'empresse de s'emparer de ce que la ville possédait encore pour transporter le tout à Djenné, ville du Macina qui à l'époque de notre conquête, avril 1893, était devenue la vraie ville sainte avec ses mosquées, sa bibliothèque, celle de Tombouctou probablement, et son foyer d'excitation religieuse par les marabouts.

De là, la déchéance rapide de la ville qui dut certainement compter un grand nombre d'habitants, peut-être les 25,000 des explorateurs, chiffre qu'on peut réduire aujourd'hui, avec la population flottante, au maximum à six mille, déchéance qui ne fit que s'accroître lorsque arrivèrent les deux grandes confédérations touaregs, les Iguellad et les Aouelimmiden. Alors ce fut la mort commerciale de Tombouctou. Les caravanes, qui étaient obligées de payer tribut tont le long de la route, dans le désert, aux

Hoggar, aux Adzjer, aux Kel-Oui, aux Taïlok, puis aux portes de Tombouctou aux Iguellad et aux Aouelimmiden, et enfin à l'entrée de la ville aux habitants, cessèrent d'apporter, du Maroc et de la Tripolitaine, tous les objets précieux ou de luxe qui tentaient davantage la cupidité de ces exigeants douaniers, si bien qu'aujourd'hui le marché de Tombouctou n'est guère plus alimenté que par le sel des mines de Taodénit échangé contre des grains et surtout des esclaves venus du Macina et des Etats de Samory.

Quant à la population, la sienne propre est fort pauvre, ne produisant plus rien dans la crainte du pillage, et les rues sont bordées d'un tas de meurt-de-faim accroupis sous le soleil et abandonnés à leur fatalisme de souffrance. C'est même à tel point que lorsque nos troupes pénétrèrent à Tombouctou, ils ramassaient, à la façon des moineaux de France, le crottin des chevaux, qu'ils passaient au tamis pour en extraire quelques résidus de mil dont ils faisaient leur couscouss. Ce détail est scrupuleusement exact.

Le reste est une population cosmopolite :
comme blancs, les Roumas, fraction marocaine
sans prestige aujourd'hui, les Maures Bérabisches établis à l'est de la ville et spécialement
entrepreneurs de caravanes, les Kountahs, secte
arabe religieuse autrefois très vénérée, les Arabes de Mabrouck et de Tafilalet, enfin les nomades du Maroc, du Touat et de la Tripolitaine ;
comme noirs, les marchands Toucouleurs, les
bergers Peulhs, les Songhaïs, artisans, les esclaves Bambaras, enfin, à l'époque de notre arrivée, blancs aussi ceux-là, les Touaregs.

Ceux-ci, d'origine berbère, peuvent, autour
de Tombouctou, se diviser en deux branches :
les Iguellad, nommés aussi Tademekett, à
l'ouest et dans la région des lacs de Fati et de
Faguibine, tribu prépondérante ayant comme
vassaux et en touchant un impôt, les Chériffen.
tribu de marabouts, les Iguadaren, les Tengueréguiff, les Imededghen et les Kel-Antassar,
ces derniers s'étendant jusqu'à Ras-El-Mâ ; les
Aouelimmiden, les plus puissants, à l'est et au
nord, ayant comme tributaires les Kel-Témou-
laï, les Iregenaten, ceux-ci sur la rive droite

du fleuve, et les Kalgolsch. Il faut y ajouter les tribus soumises, qui relevaient de ces deux groupes.

Chez toutes ces tribus touaregs, les mœurs sont les mêmes. Les uns sont pillards par métier, les autres, et en général les vassaux, pasteurs. Ils ont en outre de commun leur langue, idiôme berbère qui n'est pas, comme on le croit généralement, l'arabe, et aussi leur pauvreté, car, au contraire de leurs congénères du Sud algérien, ceux-là ne possèdent rien, sont vêtus de boubous grossiers uniformément de guinée bleue et vont nu-pieds. Lorsqu'ils restent deux jours et plus sans manger, ce n'est pas par tempérament, ainsi qu'on l'a dit, mais parce qu'ils n'ont ni un grain de mil, ni une calebasse de lait, n'ayant rien récolté ou n'ayant rien pu piller.

La tribu comprend trois castes. Les guerriers, armés de lances en fer, d'un sabre long et plat, de la forme des cimeterres du ixe siècle, et d'un bouclier blanc en peau de coba ou de sanglier phacochère; leur monture est quelquefois un chameau, plus souvent un cheval; les Imghad, ou vassaux qui combattent avec les guerriers, leur apportent le butin ou paient impôt, et enfin les Bellads ou captifs, armés de poignards passés en bracelet au poignet gauche; ces derniers cultivent les lougans, et, en cas de grande expédition, comme celle dirigée contre la colonne Bonnier, y prennent part soit comme espions, soit pour capturer les troupeaux.

Ils sont tous musulmans, mais en général assez peu convaincus, et, en religion comme en politique, ne suivent que leur intérêt, témoin la défection qu'ils ont faite à la secte des Tidjanis auxquels ils obéissaient depuis longtemps, pour se ranger sous l'autorité des Snoussya dont l'influence leur était plus profitable. Ils sont loin cependant d'avoir l'instruction des Touaregs du nord, plus proches de la civilisation arabe.

Leur manière de vivre est celle de tous les nomades. Leurs tentes sont en peaux de moutons et de chèvres cousues ensemble, et simplement posées sur des piquets à peine à hauteur d'homme. Là-dessous nonchaloient, entassés, les femmes et les enfants, assez nombreux. Ils

vivent presque exclusivement de laitage, le mil
et le riz étant rares. Les garçons, comme chez
tous les musulmans, sont privilégiés et instruits
de bonne heure à la guerre.

On connaît, par plusieurs exemples, leur manière de combattre : l'attaque la nuit, et par
surprise; jamais le jour ou alors à de petits
groupes isolés. L'Européen qui se garde n'a
donc rien à redouter d'eux.

On le voit, ce sont, en somme, de pauvres
gens peu à craindre, bien que pillards, et on s'explique avec peine qu'ils aient pu aussi facilement, durant de longues années, exploiter tout
un pays sans soulever une révolte ni une résistance. Pour nous, la malheureuse affaire Bonnier aurait pu nous les faire craindre redouta-
bles, mais la guerre que nous leur avons faite a
démontré le contraire, guerre qui n'a été qu'une
suite de massacres que seule la nécessité de
représailles justifiait, guerre de sauvages qu'il
serait inhumain de continuer sans raison contre
des femmes et des enfants.

II

Tombouctou est situé, à sept kilomètres de Kabara, sur une dune de sable bordée par un marigot qu'alimente, à la saison des eaux hautes, la crue du Niger. Quand on vient de Kabara, on aperçoit la ville d'une distance de deux kilomètres et l'effet est assez séduisant. De longues lignes pittoresques de toits couleur de sable, s'étageant harmonieusement sur la pente de la dune, et dominées par trois minarets, dont le plus élevé sur la gauche, celui de la mosquée de Sidi-Yayâ, rappelle le clocher d'un de nos villages de la Beauce ou de la Brie ; à gauche

une vaste plaine où le fleuve laisse de grandes
mares pendant la saison sèche; à droite la
brousse, une succession de dunes couronnées
de mimosas à perte de vue, marquant le commencement de la solitude et de l'immensité, et
enfin, au fond, profilant la crête des toits et l'o-
riginale silhouette des mosquées, le ciel africain,
d'un bleu implacable rosissant la ville, ou l'as-
sombrissant de ses tons roux et gris, tout cela
fait un instant s'arrêter le voyageur, surpris en
songeant que de cet amas de terre est née une
légende qui a tenu en haleine, pendant des siècles, des générations d'humanitaires et d'explorateurs.

Les maisons sont toutes en terre, charpentées
avec des troncs de rôniers, et construites à l'a-
rabe, avec cour intérieure et une sorte de préau
à arcades dont les murs et les colonnes sont ré-
couverts de nattes du pays. Derrière cette cour
l'escalier et tout autour une longue galerie où
des séparations forment des pièces de diverses
dimensions. Le premier étage ne contient de
logement que sur deux faces. Le reste forme
une vaste terrasse à ciel ouvert, généralement

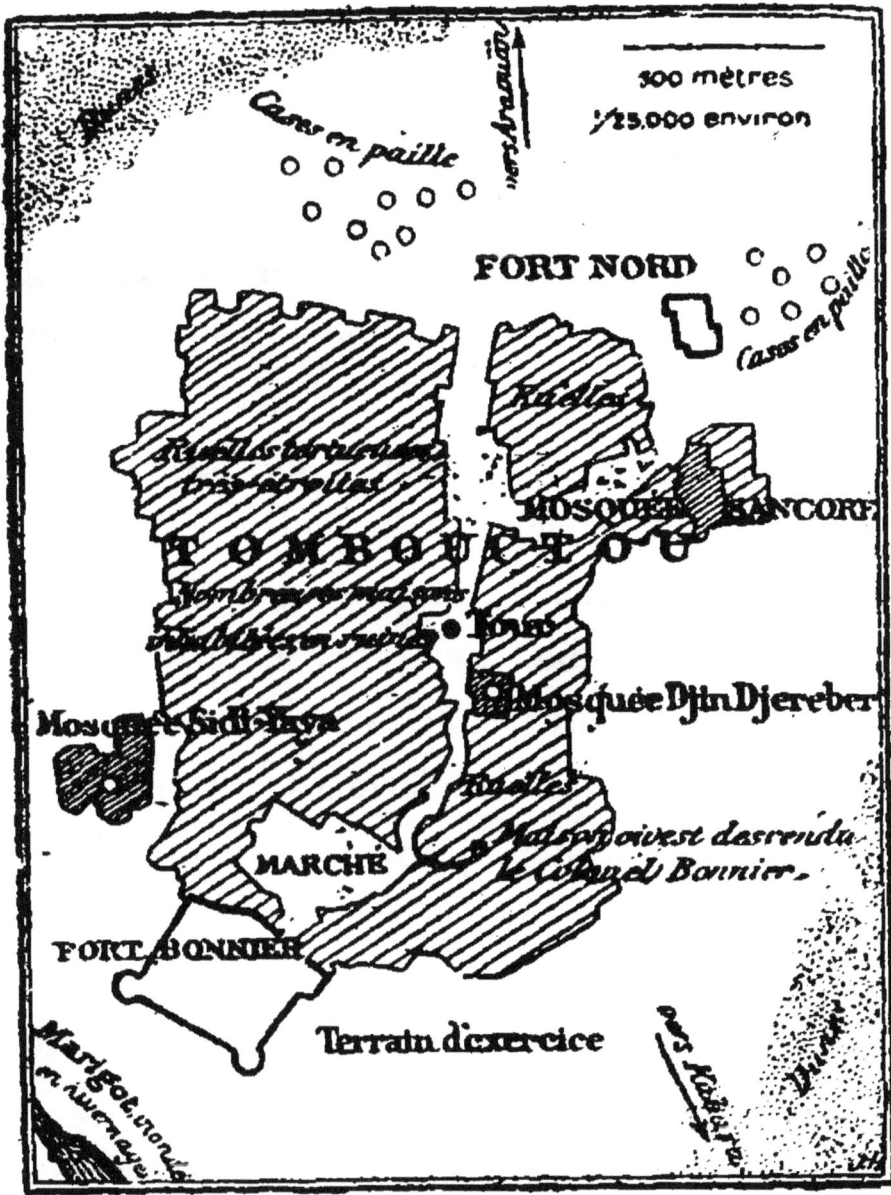

close par un mur à hauteur d'homme. Le sol,
qui sert de plafond au rez-de-chaussée, est assez
curieux comme simplicité de procédé. Aux soli-
ves qui maintiennent les murs, on fixe des nattes sur lesquelles on étend une couche de mortier qui en séchant forme sol. C'est tout. Je ne
recommande pas ce procédé à nos architectes,
car il m'est arrivé, les nattes étant usées, de passer une jambe chez le voisin du dessous, ce qui
est assez désagréable. Les rares ouvertures pra-
tiquées dans le mur, une seule sur la rue, au-
dessus de la porte, sont fermées par un petit
auvent de style arabe, ajouré et souvent colorié.

De la terrasse, pour peu que l'on se trouve au
centre de la ville, l'aspect est pittoresque. C'est
un enchevêtrement inextricable de ruelles étroites, bordées de maisons identiques, aux toits
accidentés, refuge des cigognes, et aboutissant
toutes à la voie principale qui traverse Tombouctou en zigzag du nord au sud. Le marché
se tient sur deux points de cette voie, le princi-
pal près du fort.

La cité s'éveille à l'aube, quand le muezzin,
du sommet des minarets, appelle les croyants à

la prière. On entend d'abord au loin les bêle-
ments et les mugissements des troupeaux qui
sont parqués le long de l'enceinte et qui un à
un défilent en longs rubans vers la brousse. Des
boubous [1] commencent à circuler et les mar-
chandes viennent prendre leur place au marché.
Pas de blanches parmi celles-ci. Sur la petite
place, sous des abris de paille tressée s'étalent
les denrées : le beurre de Karité, à l'odeur nau-
séabonde, le tamarin, le miel, les niébés (hari-
cots du pays), l'oseille sauvage, l'arachide, le
mil et le riz excessivement rares et de qualité
inférieure, le mouton, tué et débité sur place,
le pain de blé en petites galettes molles vendues
vingt centimes, le beurre de lait en boules de
dix centimes grosses comme une noix, les
citrouilles et les courges pendant la saison ; enfin
le sel par fragments de cent grammes environ,
vendus vingt-cinq et trente centimes ; une ou
deux boutiques de bijouterie en faux, avec leurs
lourds bracelets de cuivre ou de zinc et quelques menus bijoux d'argent, les colliers de ver-

1. Vêtement de guinée ou de toile descendant jusqu'aux genoux.

roterie, bleus de préférence, quelques garankés
(cordonniers) avec leurs babouches de peau de
mouton et leurs bottes minces. C'est tout. Tombouctou n'ayant pas de lougans, point de marché de grains, qui viennent d'ailleurs et entrent
à Tombouctou en dehors du marché. A côté de
chaque marchand, la petite calebasse de coquillages, les cauris, monnaie du pays au taux
variable que nous avons réglementé à trois
mille pour cinq francs. Notre monnaie, qui
jusqu'alors quand il s'en trouvait n'avait servi
qu'à faire des bijoux, commence à s'imposer
peu à peu depuis notre arrivée. La pièce de
cinq francs surtout est en faveur.

Pendant toute la matinée, il y a peu d'anima-
tion sur la place. Assis sur leurs talons, dans
l'attitude de gens qui ne pensent à rien, les noirs
laissent tranquillement le soleil faire le tour de
leurs crânes nus. A midi, les conversations lan-
guissent, le silence se fait peu à peu sous la cha-
leur écrasante, et ce n'est que vers cinq heures
que le commerce bat son plein jusqu'à la tombée du jour.

Dans une rue attenante au marché se trou-

vent les boutiques des Dioulas. Là se vendent,
au milieu de palabres interminables, la guinée,
les couvertures et les pagnes de Ségou et du
Macina, l'indienne, quelques couvertures et
tapis, très rares, venus du nord, et divers objets
de bimbeloterie. Tout est cher ; la guinée,
qui vaut 7 francs 50 au Sénégal, s'échange ici
à 25 et 30 francs, le reste dans les mêmes proportions. C'est dans ces boutiques qu'on trouve
les objets apportés de Souira (Maroc) par caravanes, et les cuirs travaillés de Tindouf, dont
l'importance commerciale a fort diminué.

En dehors du marché et dans tout le reste de
la ville, on trouve peu de mouvement. Les
hommes sont aux troupeaux et les maisons restent closes. Les femmes, et surtout les blanches,
ne sortent pas de la journée et s'enferment à clef
dans leur cour, où elles tissent et filent, prépa-
rent le couscouss du souper. De la rue on
entend les coups rhytmés et sourds du pilon
dans le mortier de bois fait d'un tronc d'arbre
creusé, mais, pour pénétrer dans ces sanctuai-
res, c'est une grosse affaire. Il faut d'abord
frapper d'une certaine façon et se faire présenter

par un commensal du lieu qui doit parlementer un bon moment avant que l'huis s'entr'ouvre. C'est d'ailleurs partout le même spectacle: les murs nus et le logis malpropre suintent la misère et le besoin, et il en sera encore longtemps ainsi avant que notre influence protectrice ait donné des résultats.

Deux ou trois fois seulement j'ai pu rencontrer quelques vestiges d'aisance, dans la tenue de la maison et la coquetterie des femmes. Quelques bijoux marocains de prix, quelques étoffes d'un luxe plus recherché, rappellent qu'autrefois il y eut une richesse à Tombouctou. Mais ces quelques restes sont choses acquises depuis longtemps, et ne peuvent entrer en ligne de compte dans le commerce actuel.

Le soir, la ville reprend son aspect morne. Sauf le chant monotone des muezzins, aucun bruit. Les terrasses, si vivantes le soir en Algérie et si chatoyantes de couleurs, ici sont désertes et muettes. On dirait qu'une appréhension incessante du danger cloue les habitants chez eux, et qu'ils ont la terreur d'être vus. Et de fait leurs perpétuels conquérants leur en ont fait voir de dures.

Donc, dans le commerce et l'industrie indigènes, il y a, on le voit, bien peu de ressources pour une nation européenne, et créer des besoins à cette population inerte et insouciante me semble un rêve, d'autant plus que ses ressources personnelles ne lui permettront probablement jamais de profiter des importations dont les difficultés de transport rendront la moyènne de vente très élevée.

En effet, une caisse de vingt-cinq kilogrammes, d'une valeur moyenne de cinquante francs, qui part de Kayes, paie de transport jusqu'à Toulimandio, qu'elle vienne de Dioubéba, point terminus actuel du chemin de fer, par porteurs ou par voitures Lefebvre, au minimum vingt-cinq francs, de Toulimandio à Kabara, quinze francs par chalands, de Kabara à Tombouctou un franc, soit en chiffres ronds quarante francs. Si l'on augmente ce prix d'un tiers pour l'amortissement et l'entretien du matériel, si d'autre part l'on diminue d'un cinquième la valeur de la caisse pour couvrir les aléas de la route, pertes et bris, qnarante francs de marchandises prises à Kayes, c'est-à-dire déjà majorées du transport de France, reviennent à cent cinq francs environ, en un mot une marchandise européenne atteint à Tombouctou de quatre à cinq fois sa valeur.

Pour l'Européen lui-même l'existence est complètement dénuée de tout confortable. Vivre à l'indigène lui est hygiéniquement impossible; le vin et les légumes entre autres lui sont indispensables, et l'installation de cultures maraîchères serait presque une utopie dans ces dunes stériles. Or une bouteille de vin et une boîte de conserves coûtent environ huit francs de transport à Tombouctou, aléas compris. L'ère des restaurants à prix fixe n'est donc point venue et les bénéfices que pourrait réaliser un commerçant laborieux et sobre, ne compenseraient pas les frais considérables dont il serait chargé.

III

Pour le commerce extérieur qui fut la fortune de Tombouctou, et qui aujourd'hui est sa seule raison d'être, il est nécessaire, avant de s'enthousiasmer sur les résultats d'en envisager les causes, les produits et l'écoulement de ces produits. Or, en dehors du mil, dont il n'est importé que la quantité suffisante à l'approvisionnement des caravanes, il n'y a plus à l'heure actuelle que deux agents en présence: le sel, les esclaves.

Le Maroc et la Tripolitaine, sans parler des populations intérieures du Sahara, sous l'influence directe de la civilisation européenne, se trouvèrent à une époque dépourvus de captifs, la Méditerranée étant définitivement fermée à la piraterie, et dans l'obligation d'en aller chercher beaucoup plus loin vers le sud; de leur côté, les États noirs avaient et ont toujours eu un grand besoin de sel, puisqu'ils en étaient réduits à le remplacer par la cendre et le salpêtre. Le nord avait ses mines de sel dont la plus importante est celle de Taodénit, le sud avait ses esclaves, un lieu d'échange s'imposait à proximité du Niger, et voilà en un mot le secret de Tombouctou, de sa puissance et de sa richesse. D'autres objets ou produits sont venus dans la suite s'ajouter à ces éléments, mais soumis comme je l'ai dit aux exigences et à la cupidité des maîtres du pays, ils ont fini par disparaître. Seuls le sel et les captifs ont tenu bon, parce que tous deux répondent à des besoins essentiels qui ne peuvent disparaître que par la transformation totale de cette partie de l'Afrique, je dirai plus, de l'Afrique tout entière.

Car, si nous nous maintenons à Tombouctou,

nous serons forcés, dans un temps donné, d'y supprimer le commerce des captifs que condamnent, non seulement notre démocratie, mais encore une convention européenne formelle. Et par quoi le remplacerons-nous? Quels besoins des peuples du Sahara et du nord pourrons-nous exploiter qui ne le soient déjà sur une grande échelle et à bon compte par l'importation anglaise et italienne du Maroc et de la Tripolitaine, sans compter notre colonie algérienne?

C'est justement parce que le captif est la seule marchandise possible que les caravanes viennent la chercher de si loin. Quand nous l'aurons éliminée, elles iront dans les régions du Tchad et prendront une autre route pour nous éviter, ce qui laissera Tombouctou à ses propres ressources. Et alors?

Pour bien prouver à quel point ce négoce est important, il n'y a d'ailleurs qu'à examiner dans quelles conditions il se fait et quelles ruses sont employées pour le rendre plus fructueux.

Ce sont les Bérabisches qui de Taodénit apportent le sel à Tombouctou. Les caravanes, dont les plus importantes arrivent en juin et juillet, se composent de deux à quatre cents chameaux. La rareté et surtout le faible débit des puits obligent ces caravanes à se fractionner par groupes de dix à vingt chameaux voyageant à vingt-quatre heures au moins l'un de l'autre.

Les caravanes ont déjà, pour la traversée du désert, payé un impôt aux Azdjer, aux Taïtok, aux Kel-Oui, etc.; elles arrivent à Tombouctou, et pour éviter la surveillance des maîtres du lieu font halte à quelque distance de la ville, car elles ont encore à payer à ce moment : aux Bérabisches un droit fixe pour cent de sept barres de sel et un tiers, droit qui autrefois se percevait en or, aux Aouelimmiden et aux Iguellad l'*Achour* ou dixième, et, sans préjudice du droit d'entrée à Tombouctou, la cargaison devra en outre payer au delà le même impôt au roi de Macina qui le perçoit à Saraféré.

Le soir venu, les chameaux s'approchent isolément d'une des issues où les attend le traitant à qui la marchandise est destinée. On décharge sans bruit, une porte s'ouvre mystérieusement, laisse passer le stock et sortir le prix de l'échange, et tout est dit. Les captifs s'échangent, suivant leur âge et leur force, contre une et jusqu'à cinq barres de sel d'un poids moyen de cinquante kilogrammes. Le sel valant de deux à trois francs le kilo, c'est donc un prix variant de cent à cinq cents francs que représente une tête. Ce n'est qu'après quelques jours d'attente patiente qu'il m'a été donné d'assister incognito à cette opération.

Pour nous-mêmes, qui cependant ne prélevons qu'un impôt modéré de cinq pour cent en remplacement des précédents, le contrôle d'entrée et de sortie est impossible, et nous devons nous en reposer sur la bonne foi des traitants, c'est-à-dire sur quelque chose de bien peu stable.

De Tombouctou à Koriumé on faisait de même. Les marchands attendaient que la cargaison de chacun fût prête et on partait ensemble, en nombre et en armes, pour aller embarquer. A la faveur de la nuit, on essayait de se glisser sans être vus à travers les nombreux campements touaregs établis sur le bord du fleuve, et on ne reprenait haleine que lorsque les pirogues avaient démarré dans l'ombre. Pour les captifs, afin d'éviter l'impôt qui les frappait, on les transformait en dioulas, et ils voyageaient en caravanes, avec chacun une cargaison. La marchandise payait, l'homme passait.

Il est bon d'ajouter aussi que, sans préjudice de tous les droits prévus et acquittés régulièrement, on était encore en butte aux exactions et au pillage, suivant les besoins du moment, ou plutôt le besoin.

On peut objecter que pour résister à de semblables exigences, la vitalité du commerce devait être bien forte et bien lucrative, mais j'ai dit plus haut que tout ce qui n'était pas sel ou captifs avait disparu, et d'ailleurs tout ce qui répond à un besoin n'a point de prix déterminé et fixe. J'en prends à témoin les officiers qui, à leur arrivée à Tombouctou, après deux mois de privations, ont payé une bouteille de liqueur ou d'absinthe jusqu'à cinquante-cinq francs, prix qui s'est fixé actuellement à vingt-cinq ; le sucre vaut encore dix francs le kilo, la bougie six francs le paquet, le cahier de papier à cigarettes soixante-quinze centimes, etc. Le colis

postal rendra abordables tous ces objets, mais le
commerce en général ne peut se faire par colis
postaux.

Il reste encore dans ce tableau un point noir
auquel la précipitation de la conquête n'a point
permis de songer suffisamment, c'est l'approvisionnement de Tombouctou pour les besoins de
notre occupation. Notre présence là-bas a fait
depuis quelques mois surgir une à une des difficultés imprévues et fort graves, dont on n'a-
vait point escompté l'importance.

Par l'exposé du commerce de la région, et
si l'on tient compte du peu de culture qu'on
peut trouver dans le pays, on voit combien peu
de ressources nous trouverons sur place, et
qu'elles ne sufffront jamais à satisfaire à nos
besoins. En ce qui concerne les Européens, le
ravitaillement est assez facile, tout en étant su-
bordonné à la pénurie des moyens de transport.
Il n'y a en effet sur le Niger que douze chalands
en fer portant chacun cinq tonnes, et l'on ne
peut guère compter sur les chalands en bois,
insuffisamment étanches et trop peu stables.
Mais bien que le prix des denrées expédiées en

supporte une augmentation considérable, elles peuvent encore parvenir.

La nourriture des indigènes, soldats, porteurs, somonos, ouvriers, etc., et des chevaux et mulets est plus inquiétante. Avec l'effectif actuel de Tombouctou et des postes avoisinants, il faut consommer quotidiennement deux tonnes de mil, sans préjudice du riz. Or, en achetant tout ce qu'il y a de disponible dans un rayon de deux cents kilomètres, en réquisitionnant d'autre part, contre remboursement, un quart des convois qui passent par les postes, on arrive à grand'-peine à rassembler une demi-tonne de grains.

Encore ce grain vient-il lui-même de très loin, est-il prélevé sur les approvisionnements des autres régions.

Il y a donc nécessité pour tous les postes du Niger, de Nioro à Bougouni, de Bammako à Baudiagara, de venir en aide à Tombouctou, et cela n'est pas commode. Dans tout le Soudan, les indigènes, avec leur fataliste insouciance du lendemain, ne cultivent que juste la récolte indispensable à leurs besoins. En cas de disette, comme cette année, ils en sont réduits à se nourrir de feuilles, d'herbe pilée et de poisson séché. Depuis notre arrivée, il n'a pas été possible d'en tirer autre chose. Il faut compter en temps normal une récolte sur deux, une moitié étant la proie des sauterelles ; sur cette moitié nous prélevons la stricte alimentation de nos troupes, et il n'en reste pas lourd au cultivateur.

L'occupation de Tombouctou vient donc accroître dans une large mesure nos exigences vis-à-vis de ce pays appauvri, et cette année, comme le seront les suivantes, n'a été qu'une longue suite d'efforts considérables de la part des commandants de cercle et de nos alliés pour réunir jusqu'au dernier grain tout ce que le pays pouvait posséder. J'ai vu le mil arriver par petits paniers séparés qu'on ajoutait les uns aux autres. A la fin de la journée, on s'estimait heureux, dans d'importantes régions comme celles de Ségou et de Bandiagara, quand de la sorte on avait pu emmagasiner deux ou trois cents kilos de mil. Péniblement on expédiait de temps en temps quatre ou cinq tonnes de mil, et encore les chalands en fer n'étaient-ils pas toujours disponibles, le voyage de Tombouctou aller et retour exigeant une moyenne de deux mois. On a donc dû réduire à Tombouctou les rations des hommes et des chevaux. Que la récolte annuelle vienne à être dévorée par les sauterelles et les subsistances se trouveront singulièrement compromises. Je ne sais vraiment pas comment on y pourvoira.

Quand j'aurai ajouté que l'élevage du bétail lui-même, qui serait une excellente chose sur place, ne peut guère être réservé qu'à des tribus nomades, à cause des immenses déplacements qu'exige la crue du fleuve, dont l'étendue dans cette région est de plus deux cents kilomètres, que l'épizootie là-bas est aux troupeaux ce que les sauterelles sont aux récoltes, et qu'enfin la mortalité des Européens n'est pas inférieure à celle des autres parties du Soudan, soit de quarante à cinquante pour cent, j'aurai présenté d'une façon impartiale et exacte le bilan de la région de Tombouctou et détruit la légende que le récit de voyageurs isolés et surtout l'attraction de l'inconnu, n'avaient pas peu contribué à grossir démesurément.

En résumé, ce n'est pas encore là que les immenses sacrifices qu'on a faits pour le Soudan trouveront une compensation, et à moins d'y rencontrer un filon imprévu, un placer merveilleux, l'occupation de Tombouctou ne peut qu'être une nouvelle charge pour notre budget du Soudan, déjà si lourd, et par la force des choses, si mal équilibré.

IV

Maintenant doit-on se maintenir à Tombouctou, et si on s'y maintient, doit-on s'y arrêter,
ou s'étendre encore à l'est et au sud jusqu'aux
limites que nous concède la convention de 1890 ?

A la première de ces questions la réponse est
facile. Tant que nous serons au Soudan, c'est-à-
dire tant que nous continuerons à précipiter des
millions dans cette œuvre de civilisation sans es-
pérances, ce qui n'est pas une page dont on n'ait
point à s'enorgueillir dans l'histoire de la colonisation européenne, nous devons, non seulement nous maintenir à Tombouçtou, mais en-

core le relier d'une façon directe avec les points
éloignés et abréger le plus possible cette longue
route qui va de Saint-Louis à Tombouctou, soit
en en créant une nouvelle par la Mellacorée,
soit en multipliant les postes de ravitaillement
qui en assureront la sécurité et les moyens d'existence. La route d'In Salah est ouverte et il
nous appartient de faire la lumière sur cet immense inconnu le Sahara, parce que là il y va
de notre intérêt en Algérie, et par conséquence
si la liaison se fait un jour, chemin de fer irréalisable du Transsaharien mis à part, de notre intérêt au Soudan.

Quant à notre extension sur le Niger, et dans
la région du lac Tchad, je la comprends moins.
Si c'est pour nous rattacher au Congo par l'Ada-
maoua, le Chari et l'Oubanghi, la liaison n'est-
elle pas, au point de vue économique, plus directe par les Rivières du Sud et la côte. On di-
minuera encore la valeur du Sénégal, déjà si
discutable. On s'en est tenu jusqu'à présent aux
explorations et aux efforts de l'initiative privée.
La France doit continuer à leur prêter large-
gement son concours et sous toutes ses formes,

mais demeurer dans l'expectative, d'autant que ce qu'on connaît du Niger n'est point fait pour affirmer notre confiance.

J'ai entendu préconiser l'exploitation du Soudan par le Bas-Niger, mais, sans parler des trois mille kilomètres de voie fluviale à franchir, ni des difficultés à vaincre, comme les chutes de Boussa, il faut songer, que tout en y ayant le droit de navigation, nous aurions près des deux tiers de la route à parcourir dans les eaux anglaises, c'est-à-dire sans espoir d'y faire quoi que ce soit, commercialement.

Quant à la région du Tchad, encore une fois j'estime qu'il n'appartient pas au Soudan de s'en occuper, momentanément. N'ambitionnons pas de larges étendues de territoire, si elles doivent être stériles, et ramenons un peu notre attention sur nos débouchés de la côte d'Afrique que les récentes et vastes entreprises me semblent avoir fait trop oublier.

CONCLUSION

En écrivant le récit de notre établissement à Tombouctou, des conséquences qu'il a amenées et des résultats qu'on en pouvait attendre, je n'ai pas cru faire l'historique d'un fait spécial. Car cela s'est un peu toujours passé ainsi dans nos colonies. Au contraire de nos voisins d'outre-Manche qui regardent bien où ils vont, nous marchons trop à l'aveuglette, et souvent chez nous la conquête d'une colonie n'est que la conséquence immédiate d'une insulte faite à notre drapeau, ou d'un échec subi par nos compatriotes. Cela fait grand honneur à notre sentiment national, dont je suis fier autant que qui ce soit, mais cela n'amortit pas la dette publique.

Lorsque les Anglais ont jeté leur dévolu sur un territoire, ils commencent par en faire sonder la valeur par des personnalités compétentes, habituées au commerce et aux colonies, et si les événements les y obligent, et qu'elle soit nécessaire, décident l'expédition. Nous, et parce que nous manquons de ces mêmes autorités, nous sommes contraints à y envoyer la troupe.

J'en demande bien pardon à l'armée et à la marine, mais, dans ce cas, la tâche qu'on leur assigne est au-dessus de leur compétence. Leur esprit prompt, qui veut la décision rapide et le jugement instantané ne leur permet pas d'examiner dans toutes leurs conséquences des actes que les circonstances du moment leur dictent indispensables, et le désir de bien faire et de servir leur pays, je le dis sans arrière-pensée, leur fait appliquer souvent à faux, comme on l'a vu pour le colonel Bonnier, cette noble devise qui est leur loi : En avant, quand même !

Une erreur commise en entraîne d'autres, et quoi qu'on en dise, l'intervention civile a son bon côté. A chacun son métier... dit le proverbe. A l'avenir on évitera, j'en suis sûr, de semblables méprises, en laissant chacun faire son devoir, rien que son devoir.

Pour moi, d'aucuns me reprocheront d'avoir jeté une note discordante dans le concert de louanges, dont chaque note était faite d'un mensonge, adressé à notre jeune colonie. Mais si j'excuse, chez ceux qui en sont atteints, la soudanite, cette maladie qui consiste à croire quand même à l'avenir d'un pays parce qu'on y a, dans la mesure de ses moyens, fait quelque chose de bien et d'utile, j'estime qu'on ne doit pas pardonner à l'exagération voulue qui trompe et qui est un des défauts de notre tempérament primesautier.

J'ai simplement essayé, en racontant ce que j'ai vu et étudié, d'en dégager ce que les querelles, les jalousies d'arme ou de métier et les polémiques passionnées de bavards irréfléchis avaient tant dénaturé, en ces derniers temps, surtout, la vérité.

Tombouctou-Mopti, juillet 1894.

II

L'ESCLAVAGE AU SOUDAN

A ALBERT GRODET

dont les efforts pour abolir l'esclavage
feront de cette étude un souvenir.

E. G.

L'ESCLAVAGE AU SOUDAN

I

L'esclavage, qui est de toute antiquité puisqu'on le trouve dans l'histoire la plus ancienne de l'Europe et de l'Asie, a également sur le continent africain existé de tout temps. L'éternelle loi du plus fort faisait du vaincu l'esclave du vainqueur aussi bien sur les bords du Niger que sur les bords du Tibre. Mais en Afrique, après la découverte de l'Amérique, l'esclavage prit une nouvelle forme, celle de l'exportation par la

conquête. Il semble que ce sont les Portugais
qui les premiers sont venus prendre, des côtes
du Sénégal à celles de l'Angola, la marchandise
noire pour en peupler les archipels puis le continent américains. On avait de prime abord mis
en dehors de l'humanité ces races inférieures et
déshéritées que la stérilité du sol et les rigueurs
du climat avaient seules empêchées de suivre
comme les races jaune et blanche la marche
ascendante du progrès et de la civilisation. Leur
inertie primitive qui leur fit accepter sans révolte et presque sans murmure la nouvelle condition où on les rangeait, inertie que nous re-
trouvons encore à notre époque, établit qu'elles
sont faites pour être dominées et qu'elles s'as-
sujettissent volontiers au joug qu'on leur impose.

Si, même de notre temps, nous avons chez eux
trouvé de la résistance, il n'en faut point chercher d'autre raison que dans notre situation res-
pective entre nations européennes. Nous avons
en effet, en nous établissant en Afrique, ap-
porté dans nos voisinages les mêmes haines, les
mêmes ambitions, les mêmes jalousies qu'en

Europe, et nous avons fait des peuplades conquises, une partie intégrante de nos éternelles divisions. Nous apprenons au noir la guerre contre notre ennemi, et quand l'un de nous fait un pas en avant, nous lui armons le bras pour nous arrêter. La chose est cruelle à dire, mais malheureusement pour nous, nous en avons trouvé la preuve flagrante dans les fusils à tir rapide de Samory et les canons de Behanzin. Ces derniers ne sortaient pourtant pas des fonderies d'Abomey.

La passivité du nègre a donc été le premier agent de l'esclavage, et sa seule excuse. Les humanitaires et les philanthropes ont versé de larges pleurs sur le sort des enfants arrachés à leur mère, sur l'effroyable douleur de celles-ci, mais s'il leur était donné de voir avec quelle indifférence commune, encore à la fin de ce siècle, ces choses sont acceptées, ils insisteraient moins sur notre barbarie et notre peu de respect des droits de l'homme. Non que je sois esclavagiste ou négrophobe, loin de là, mais quand j'aurai montré ce qu'est la captivité au Soudan en 1894, on aura un peu plus d'indulgence pour cet oubli du respect de l'humanité, à cent ans à peine de la Révolution.

Jusqu'en 1843 pour l'Inde Anglaise, 1848 pour les colonies françaises, car si en 1789, la constituante avait décrété, en promulguant la déclaration des droits de l'homme, l'abolition de l'esclavage dans toutes les colonies françaises, Napoléon en 1802, s'était empressé de le rétablir, et 1865, fin de la guerre de sécession, pour les Etats-Unis, dates auxquelles chacune de ces nations décrétait l'abolition de l'esclavage, la traite des noirs se faisait d'une façon ouverte et reconnue sur toute la côte occidentale d'Afrique et particulièrement au Sénégal, en Guinée et au Congo. Les esclaves, qu'une armée régulière à la solde des traitants allait chercher dans l'intérieur et jusqu'à plus de cent kilomètres étaient amenés à la côte, enfermés dans des docks spéciaux où venaient les cueillir les bâtiments négriers faisant voile vers l'Amérique. On trouve encore à Saint-Louis et à Gorée de nombreux magasins de ce genre, avec leurs étroites meurtrières laissant filtrer un mince rayon de jour, et qui ne servent plus d'ailleurs que de dépôts aux marchandises. Le prix de chaque tête variait de 60 à 150 francs pour les adultes, de 30 à 50 pour les enfants. Quant aux vieillards ils étaient rares, et pour cause. On envoyait les jeunes vieillir au loin.

Les esclaves s'échangeaient contre des armes, de la coutellerie, de la poudre, de la guinée, de la verroterie, de la bimbeloterie, en un mot contre toute marchandise inconnue de l'indigène et qui tentait sa curiosité et son amour du clinquant.

Un simple décret d'abolition ne pouvait être exécuté à la lettre contre une coutume aussi profondément enracinée dans les mœurs. Aussi ne put-il dès le début qu'apporter une entrave au commerce libre qui n'en continua pas moins clandestinement, jusqu'à notre arrivée au Sénégal et la conquête du Cayor où l'exportation par la côte put être définitivement arrêtée.

Mais alors la traite des esclaves fit place au commerce des captifs à l'intérieur, et on n'a pu, jusqu'à présent sous peine d'un soulèvement général procéder à sa suppression. Je vais donc étudier cette question de la captivité telle qu'elle est aujourd'hui, son rôle dans notre œuvre de colonisation, les inconvénients qu'il y aurait à en brusquer la suppression, et la marche progressive qu'il y aurait lieu de suivre pour l'éliminer petit à petit de notre politique coloniale.

II

La captivité, son nom l'indique, est toujours, quelles que soient sa forme et son hérédité, une conséquence de la guerre. La plupart des conflagrations de l'Afrique centrale, qui depuis un siècle ont dévasté et dépeuplé les États, et pour ainsi dire presque toutes, n'ont eu lieu que dans ce but: faire des captifs, soit pour rétablir les finances d'un royaume chancelant, soit pour lui permettre de s'étendre en territoire et en puissance. Sous prétexte de guerre sainte, les Toucouleurs avec El Hadj Omar et Ahmadou, n'ont

point fait autre chose. C'est également le secret
de la force de Samory.

Lorsqu'un village tombe au pouvoir de l'ennemi, le vainqueur se livre à un pillage en
règle. Le chef, les notables, les hommes libres,
les captifs, les femmes et les enfants, tout est
fait prisonnier. On enlève aux vaincus tout ce
qu'ils possèdent, arrachant les bijoux des femmes et sondant l'ampleur des boubous pour y
prendre l'or ou l'argent que les ourlets recèlent.
Lorsque la paix est conclue, tout ce qui n'est
pas captif est remis en liberté. Les esclaves
seuls ne sont jamais rendus, ce qui établit bien
le but de toute guerre chez les noirs.

Et alors apparaissent les dioulas marchands
de captifs qui viennent faire leurs acquisitions
pour l'approvisionnement des marchés. Le vainqueur, d'ailleurs, n'attend pas autre chose. Et
voilà un nouveau convoi de captifs qui va s'é-
parpiller aux quatre coins du Soudan, jusqu'à
ce qu'une nouvelle guerre les rassemble à nouveau sur les mêmes marchés. Il est des dioulas
qui ont revendu en quelques années jusqu'à
quatre et cinq fois le même captif, réalisant

chaque fois un bénéfice sérieux sur l'opération. Ce qui est aujourd'hui l'apanage des dioulas était autrefois le monopole des factoreries du Sénégal à l'Angola, et il ne faudrait même pas remonter bien haut pour trouver dans les affaires commerciales des grosses maisons florissantes du Sénégal, des vestiges de cette traite.

Le prix d'achat primitif du captif après la conquête est très indéfini. Il varie, suivant les besoins du vainqueur, l'éloignement du lieu de prise, la valeur du sujet et la concurrence des acheteurs. Mais on peut admettre en principe que le dioula réalise un bénéfice moyen de deux cents à deux cent cinquante pour cent sur le prix d'achat, et on pourra, d'après les prix de vente que je donne plus loin, se faire une idée de la valeur d'une conquête.

Le dioula transporte son convoi de captifs sur les marchés du Soudan, et ceux-ci sont encore très nombreux maintenant. Il en existe même à côté de nos postes d'occupation, sous l'œil des commandants de cercle, qui non seulement n'ont aucune mission d'entraver ce commerce, mais encore sont chargés de le contrôler et de l'enregistrer, et de prélever sur chaque opération l'*oussourou* ou dixième. Chaque fois qu'un convoi de captifs, sous la conduite d'un dioula, passe dans un cercle, il est contraint d'en faire la déclaration au commandant et d'acquitter l'impôt, un captif sur dix, ou sa valeur en argent. Le commandant du cercle lui délivre un laissez-passer de franchise pour les autres cercles que doit traverser la marchandise, et porte, dans sa comptabilité mensuelle, à la colonne captifs, le nombre des esclaves importés ou exportés, et les sommes perçues. Il a aussi le droit, lorsque le nombre des captifs convoyés est supérieur à celui que porte le laissez-passer, de saisir les captifs en excédent pour le compte du cercle.

C'est à côté du marché de la ville que se traite, de gré à gré, l'acquisition d'un captif.

A Kayes et à Médine, le captif s'échange, suivant son âge et sa valeur, contre dix ou vingt guinées, soit de 250 à 350 francs et jusqu'à 130 guinées ; à Nioro, à Kouroussa, Kankan, Farannah, etc., il vaut de 15 à 130 francs ; à Siguiri de 5 à 100 francs ; à Tombouctou, Djenné,

Bandiagara, il varie de 50 à 400 francs ; à Marah, on l'échange contre deux, quatre ou six foufous. Le foufou est une sorte de paillon comme ceux dont on se sert pour préserver les bouteilles et qu'on remplit de sel ; à Ouassou, Kérouané, on donne pour un captif de quatre à dix foufous volumineux de patates.

Le captif acquis est emmené par son nouveau maître. Dès lors il est sa chose et rien ne peut l'enlever à sa condition qu'une nouvelle prise ou les cas spéciaux dont je parlerai tout à l'heure.

Le maître a tous les droits sur son captif, même le droit de vie et de mort. D'ailleurs, qui s'apercevrait d'une disparition ? Qui viendrait lui en demander compte ? La seule garantie de la vie pour le captif est qu'il représente une valeur, et que sa mort serait une perte sèche au capital.

Le maître doit au captif, en échange de son travail, la nourriture, rien de plus. Il peut le revendre à son gré, quand il lui plaît, et où il veut ; il peut en conséquence l'échanger contre un ou plusieurs autres captifs, ou le contraire.

En un mot, le captif est une monnaie qui rapporte son revenu et dont il peut se servir quand l'administration de sa maison l'exige.

Quels sont maintenant les devoirs du captif? Que doit-il être? Quels sont, d'autre part, ses droits? Que peut-il devenir? J'examinerai ces questions pour l'homme d'abord, pour la femme ensuite.

III

En principe, l'homme emmené en captivité est destiné à la culture des lougans, et chez les populations blanches plus spécialement à la garde des troupeaux. Lorsque vient la saison des plantations, car au Soudan, on ne peut guère on va le voir, appeler cela des semailles, il part dans la brousse, vers l'endroit réservé à la culture, souvent très éloigné de la demeure du maître, et se met à l'œuvre. Tout le jour, les reins au plein soleil, on peut le voir, penché vers le sol, sarcler la terre avec une binette en fer grossièrement travaillé emmanchée

d'une branche inégale de karité ou de khos, et
ne cherchant qu'à entamer la croûte du sol que
le soleil en saison sèche a rendue très résistante,
pour permettre à la graine d'être juste recou-
verte. Cela fait, il repasse avec sa binette, son
seul instrument aratoire, et de trente en trente
centimètres donne un nouveau coup de façon à
ménager une petite cavité où il enfouit un grain
de mil ou de riz qu'il recouvre en repoussant
du pied un peu de terre qu'il foule. Cette opération va très vite et un hectare de champ est de
la sorte vite ensemencé. Dans certaines terres
cependant que leur disposition expose à être
emportées par les tornades, il prend plus de
soin, remplaçant la petite cavité par une véritable cuvette d'une quarantaine de centimètres
où l'eau peut séjourner sans s'écouler. Le travail terminé il passe à un autre sans regarder
derrière lui. Il ne reviendra dans le lougan que
lorsque les graines auront germé. Alors il passera sa journée à déambuler dans les sillons, en
poussant des cris sauvages et gutturaux pour en
chasser les golos (singes), les tourterelles, les per-
ruches et les mange-mil, petits passereaux du Sou-

dan, voire les biches, les gazelles et les cobas.

Aux heures des repas, s'il est loin dans la brousse, on lui apporte la calebasse de cous-couss, qu'il avale gloutonnement en bon noir qu'il est, et le soir, à la tombée du jour, il rentre à la case du maître et s'endort lourdement sur la natte grossière où il peut, durant quelques heures, rêver de liberté.

Son vêtement est très succinct. Quelquefois un boubou, ou un pantalon ample et court, mais plus souvent un lambeau d'étoffe maintenu à la ceinture par une corde ou même une liane, et pour les enfants et les jeunes garçons, le costume d'Adam.

Si le captif est employé à la garde des troupeaux, son existence est à peu près celle de nos bergers de France. S'il a plus de difficultés, les chiens de berger étant inconnus ici, il est juste de reconnaître que le bétail, qui n'est pas effarouché ou dérangé par le va-et-vient de nos campagnes et le bruit des carrioles sur les routes, est bien plus docile. Dans certaines parties de la brousse où les fauves sont à redouter, le captif est armé d'un mauvais fusil à pierre, ou bien, comme dans le Macina et la région de Tombouctou, d'une simple lance en bois terminée par un fer aigu.

Les jours de fête, il prend part aux réjouissances et profite des largesses du maître, suivant la place qu'il occupe, car les captifs ont leur hiérarchie comme on va le voir.

Au-dessus de ce captif que l'on peut appeler le captif de brousse, il en est un autre plus privilégié, jouissant des mêmes prérogatives qu'un intendant chez nous. Souvent il est l'homme de confiance du maître qui le consulte dans certains cas, surtout si c'est un chef.

Le captif de case a commencé par la condition première; il doit son élévation aux coutumes et aux droits qui lui sont réservés. Devenu captif de case, il ne va plus aux lougans ni aux troupeaux, que pour en surveiller parfois l'ordonnance et la bonne tenue. Il reste tout le jour au village, s'occupe de la maison de son maître, fait les commissions, faciles ou délicates, et remplace le maître partout où la présence effective de ce dernier n'est pas indispensable. Il s'assied, aux interminables palabres de l'après-midi, sous les tamarins ou les fromagers, derrière son maître, prêt à lui apporter son concours, le cas échéant. Cependant il ne prend point part aux guerres, et en cas d'expédition, demeure à la garde de la case et de la famille.

Il y a plusieurs moyens d'arriver à la captivité de case.

D'abord la simple volonté du maître, celle-ci étant souveraine. Puis le mariage. Le captif peut épouser une captive et en avoir des enfants. Ceux-ci, captifs eux-mêmes en naissant, exonèrent le père et la mère du travail dans la brousse. Les enfants seuls, dès qu'ils ont atteint une dizaine d'années, vont aux troupeaux, aux lougans ensuite quand ils sont plus forts.

Dès qu'il est captif de case, il est bien rare que l'esclave songe à la liberté. Il peut avoir une famille, il a son existence assurée, est à l'abri des dangers matériels de la guerre, et par dessus tout, il peut s'abandonner à cette indolence si chère au nègre et dont l'uniformité n'est rompue que par l'absorption méthodique et répétée d'énormes prises de tabac. Il y a bien un

point noir dans cette apparence de famille, c'est
que ses enfants peineront et souffriront comme
lui, peut-être davantage. Mais de cela il se con-
sole avec cet axiôme philosophique, qui a une
application si fréquente dans nos mœurs européennes, par la bouche des parvenus : « Mes
enfants feront comme moi! » Je ne puis appliquer au captif de case un qualificatif plus précis :
c'est un parvenu.

La femme est soumise aux mêmes lois et aux
mêmes travaux, tant qu'elle est simplement captive. Elle s'occupe aussi de la culture et de la
surveillance des lougans, et va aux pâturages.
Elle peut également être vendue, qu'elle ait ou
non des enfants et une famille. Ne sont compris
dans les marchés que les enfants à la mamelle
qu'elle emmène avec elle. Mais son rôle devient
plus complexe, dès qu'elle est faite captive de
case, par les mêmes moyens que pour l'homme.
Elle a de plus, quand elle est jolie, chance d'y
arriver par les faveurs du maître. En principe,
celui-ci n'a pas le droit d'abuser d'elle, mais la
femme souvent s'y prête de la meilleure grâce

du monde, et alors elle reste au village. Elle s'occupe des soins domestiques, des enfants, de la nourriture. C'est elle qu'on voit, rhytmant son travail d'une chanson monotone, laissant son pilon suspendu en l'air pour frapper dans ses mains, et le rattrapant au vol, écraser le mil dans les lourds mortiers creusés dans un tronc d'arbre. Le matin et le soir, elle va au fleuve, au marigot, à la mare, ou au puits, racasser (laver) les calebasses, et après avoir « taillé une longue bavette » avec ses compagnes, commenté pour la unième fois les mille petits incidents de la vie journalière, regagne paisiblement la case, la calebasse pleine d'eau nouvelle bien d'aplomb sur la tête, droite sur ses hanches, et soutenant le fardeau de ses bras levés en un mouvement gracieux, tandis que la croupe robuste ondule par saccades au mouvement de la marche qui fait osciller les seins sur la gorge tôt défraîchie.

Le vêtement est primitif. C'est un simple pagne enroulé autour des reins. Pour les jours de repos ou de fête, elle a un boubou et quelques oripeaux dont elle se pare vaniteusement pour aller parader au tam-tam et au besoin y faire sa partie, et s'y trémousser dans des pas d'où le sans-gêne et le respect des convenances sont à jamais bannis.

V

Quant aux droits des captifs, car ils ont des droits, et même sérieux, ils expliquent dans une certaine mesure leur insouciance de la liberté. Ces droits laissent en effet à l'esclave la jouissance d'une partie de son libre arbitre, et peuvent le mener aussi à la liberté.

D'abord, le droit inhérent à sa condition. Il ne doit au maître que cinq jours de travail par semaine, et peut, les autres jours, travailler pour son compte, librement. Dans le sud du Soudan, cependant, le produit de ce travail peut être pris par le maître. Il peut, de son propre gré, au cas où il aurait à se plaindre de son maître, et qu'il eût à en subir de mauvais trai-tements, le quitter, à la condition d'en prendre de son choix immédiatement un autre, sous l'autorité duquel il doit se mettre à l'abri de l'ancien.

Et ici nous nous trouvons en présence d'un détail de mœurs bien curieux dans sa bizarre et naïve sauvagerie.

Lorsqu'un captif, quel qu'il soit, enfant, homme ou femme, a décidé, pour les raisons que j'ai données, de changer de maître et a fait choix d'un nouveau, il prend la fuite et se rend en toute hâte à la nouvelle demeure qu'il s'est assignée. Là il tâche de surprendre pendant son sommeil le maître auquel il coupe un morceau du cartilage de l'oreille. A dater de cet instant, il lui appartient, et l'ancien propriétaire n'a plus aucun droit sur son esclave. Cette manière de se donner à son semblable ne m'a pas peu surpris. je l'avoue, et le symbole ne m'a pas paru très clair, à moins que ce petit morceau d'oreille ne soit l'emblème de la sollicitude que l'esclave attend de celui auquel il abandonne son existence entière, ou plus simplement la perpétration d'un attentat qui le met à la disposition de la victime dont il devient justiciable.

On rencontre au Soudan beaucoup de noirs ainsi mutilés, mais ils en tirent plutôt vanité. C'est d'abord un signe de richesse, puis un témoignage de leur mansuétude et des bons soins qu'ils ont pour leurs serviteurs. Il n'en est pas moins vrai que cette douce plaisanterie plusieurs fois répétée ne laisserait pas de compromettre singulièrement leur appareil auditif.

A défaut du chef de case ils s'adressent à son fils ; l'opération a le même résultat. Ils peuvent s'en prendre aussi aux animaux domestiques, mais seulement au cheval et au bourriquot. Là toutefois il y a une nuance. Si le captif ne coupe pas une oreille entière et qu'il n'en enlève par exemple que la moitié, il devient la propriété indivise des deux maîtres auxquels il devra alternativement des périodes de travail d'égale durée, depuis quelques jours jusqu'à plusieurs mois. Ce captif ne peut être vendu ni par l'un, ni par l'autre, de sorte que ce lui est une assurance qu'il ne quittera point la contrée qu'il habite. Aussi ces captifs sont-ils très nombreux au Soudan. Ils évitent par là d'appartenir à des maîtres d'une race dont ils redoutent la dureté. Ainsi les Maures, les Saracollais, les Bambaras, les Songhaïs ont la réputation d'être pour leurs captifs d'une rigueur qui va jusqu'à la cruauté, et d'une exigence de labeur qui passe souvent les forces. De plus, dans les temps de disette, et c'est souvent le cas au Soudan, ils laissent les captifs chercher comme ils peuvent leur nourriture dans la brousse, et, dame, on n'y trouve guère à « léké » pour me servir de leur langage.

Par contre les Toucouleurs, les Peulhs, les Ouoloffs, ceux-ci plus adoucis par leur proximité avec notre civilisation, sont très humains pour leur domesticité, proportionnant le travail aux forces de chacun, et laissant à tous l'illusion de la liberté. Aussi la consommation d'oreilles est-elle assez importante chez ces derniers.

La loi musulmane, en pratique aussi chez quelques fétichistes, car chez les autres, le maître garde tout la plupart du temps, la captivité là étant l'esclavage accorde au captif le droit de succession. Les enfants légitimes héritent de la totalité de ce que peuvent posséder leurs parents, et le cas est fréquent ; les enfants illégitimes, sauf dans quelques parties de la rive droite du Niger, n'ont aucun droit ; à moins que le captif n'ait déclaré devant témoins que le ou les enfants en question sont les siens. C'est le principe de la reconnaissance chez nous, et alors ils héritent comme les autres. Les enfants mâles héritent des deux tiers, les femmes du tiers restant, et le maître ne peut intervenir dans ces questions de partage que pour en faciliter le règlement. Quand deux captifs mariés appartiennent à deux maîtres différents, et que l'homme vient à mourir sans héritiers, c'est le maître de ce dernier qui hérite ; si c'est la femme, le maître reprend la dot de sa captive.

Les enfants du maître, qu'ils soient issus de femme libre ou de captive, dès l'instant qu'ils sont légitimes, héritent tous au même titre.

Enfin le captif et la captive peuvent recouvrer leur liberté. Si par hasard, et cela arrive, l'un d'eux a pu se procurer le double de la somme qu'il a coûtée, soit en argent, soit en nature, il rembourse son maître qui s'empresse toujours de le libérer. Ce rachat, ainsi d'ailleurs que toutes les opérations concernant la captivité, se fait devant le cadi ou le marabout, ou le plus souvent encore simplement devant témoins.

Le captif qui épouse une femme libre reste captif. Mais les enfants naissent libres.

Quant à la captive qui épouse un homme libre, si elle n'est point rachetée, elle demeure captive et le maître même, en l'autorisant au mariage, peut réserver que ses enfants seront ses captifs. (J'ai dit que le concubinage affirmé par une postérité avait les mêmes effets.)

La captive mariée hérite comme les autres femmes. Mais le huitième qui revient aux femmes libres ne lui est point donné. Elle prend simplement sa liberté en échange.

L'homme libre, et même le captif, qui épouse une captive n'est point tenu de lui donner une dot. Il s'en tient seulement au cadeau de politesse réglementaire, dix kolas qu'il envoie au maître.

Et enfin il y a le captif qui vient se mettre sous notre protection et nous demander de le libérer. De celui-là, nous aurons à parler plus loin.

V

Il y a en outre, au-dessus de ces deux formes de l'esclavage, ce que j'appellerai, en appliquant au mot la signification donnée à l'animal mis en cage, le conseil privé du Roi, composé de captifs de case de marque, dont la fonction et les attributions sont héréditaires, et qu'on décore du titre pompeux de captifs de la Couronne. Ceux-ci sont transmis de dynastie à dynastie et restent toujours, quelle que soit la forme du gouvernement, les captifs du chef de l'Etat.

Les captifs de la Couronne sont une force considérable dans un Etat noir. Leur autorité dans le conseil privé, leur rôle prépondérant dans la guerre, en font pour ainsi dire dans la pratique un conseil de tutelle dont le chef suit presque toujours les avis.

Ils se divisent en deux grandes fractions : Les Diombas, ou grands captifs, et les Sofas, qu'on appelle dans le Soudan occidental, jusqu'au Kaarta, Fourba-Dions, captifs communs. Les premiers ont autorité sur les autres.

Chacune de cés fractions se compose de plusieurs groupes formés par des chefs de case et commandés par l'un d'eux. Les chefs de groupe sont sous l'autorité du chef des captifs commun aux deux fractions. Ils font partie du conseil privé du roi et y ont voix délibérative, surtout dans les questions politiques et militaires. Le chef des Sofas, en ce dernier cas a à peu près les attributions du ministre de la guerre chez nous.

Les Diombas commandent les groupes de Sofas, et peuvent, quoique captifs, prétendre à toutes les dignités du royaume. L'emploi le plus fréquent dont ils sont pourvus, est celui de chef de canton, centralisant les pouvoirs d'un groupe de chefs de village. Ils sont en général riches, et possèdent eux aussi des captifs quelquefois en assez grand nombre. Le chef des captifs du fama de Sansanding par exemple possédait à mon passage cent trente captifs. Mais ces derniers, quoique ayant leur chef pour maître et relevant directement de son autorité, appartiennent en principe au roi, qui peut en disposer à son gré.

Comme les sofas, les diombas doivent au souverain la culture de son lougan (fourba), quelle que soit son étendue. Ceux qui ont des captifs peuvent, pour le travail et avec l'autorisation du maître, se faire remplacer par ceux-ci. Cette culture, qu'elle exige peu ou beaucoup de temps, les libère de tout travail en temps de paix, sauf certaines particularités plus spéciales aux Sofas, et il leur est loisible de se livrer, pour leur compte personnel à d'autres occupations.

Il en est qui sont commerçants, tailleurs, cordonniers, pêcheurs, artisans, etc., mais quoi qu'ils fassent en cette circonstance comme en toutes les autres, ils sont toujours soumis au contrôle du souverain, dont le droit absolu domine toute leur existence.

Les sofas composent l'armée du chef de l'Etat. Ce dernier les arme et les équipe à ses frais, mais conserve la propriété de tout ce qu'il met entre leurs mains, armes, chevaux, etc. Ils doivent toujours marcher en cas de guerre, et en temps de paix sont chargés de la police intérieure, des courriers et des missions ou ambassades. Voici comment ils se recrutent.

Lorsqu'il y a guerre, ils réclament pour eux tous les sofas de la nation ennemie qu'on a pu faire prisonniers, et même aussi d'autres captifs pouvant être soldats plus tard. Ces prises deviennent leur propriété et relèvent directement, non plus du souverain, mais de son fils ou de ses héritiers présomptifs. Lorsque le roi meurt, tous ces captifs deviennent les sofas du nouveau chef, et les anciens passent au rang de diombas.

Sofas et diombas, comme les captifs de case, ne songent point à recouvrer leur liberté. Et même lorsqu'à notre établissement dans certaines régions du Soudan, comme les empires d'Ahmadou et de Samory par exemple, nous avons voulu, tout en les gardant près de nous comme auxiliaires en faire des hommes libres, ils s'y sont énergiquement refusés, affirmant qu'ils étaient les captifs de la Couronne, c'est-à-dire les esclaves du maître du pays, de père en fils, et qu'ils resteraient nos captifs comme ils l'avaient été de nos prédécesseurs. Ils tiennent d'ailleurs tant à ce titre que ceux qui ont un jour accepté leur liberté reviennent le plus souvent se mettre volontairement et gratuitement sous l'autorité du souverain, et soumis bien qu'hommes libres à toutes les exigences de la captivité, et, chose curieuse, dans ce cas, ont beaucoup moins d'influence que les captifs. Ils peuvent toujours, il est vrai, reprendre cette liberté qu'ils ont aliénée, mais ils ne le peuvent faire qu'en restituant au souverain tout ce qu'ils tiennent de sa bienveillance, biens, armes, femmes, etc. Les enfants qu'ils ont eus avec les femmes que le maître leur a données, restent aux maîtres, captifs s'ils sont issus de captives. Ces hommes libres, captifs volontaires sont appelés en ouoloff Foros, en bambara, Diambous.

On le voit, les captifs de la Couronne jouissent d'une considération et de privilèges qui justifient fort bien l'attachement qu'ils ont, non pour leur maître, mais pour la condition qu'ils occupent.

Il y a pour tous ces règlements et usages de la captivité quelques différences de détails dus à l'influence de la religion, suivant qu'elle est musulmane ou fétichiste, mais ces détails locaux sont de peu d'importance pour nous, et ne changent en rien le fond même de la question. Le plus caractéristique peut-être est une coutume qu'on dit spéciale au Kissi, dans le Haut-Niger, et qui fait, en cas de flagrant délit d'adultère de l'amant et de toute sa famille, les captifs, et de ses biens la propriété de l'époux outragé. Il faudrait un gros code pour y inscrire toutes les particularités insuffisantes des races et des pays, qui toutes d'ailleurs aboutissent au même résultat.

Au point de vue commercial, le captif a une influence énorme sur l'état économique du Soudan, car il est, non seulement un agent commercial très important sinon le plus puissant, mais encore il est l'équivalent au pays noir de nos effets de commerce. La monnaie de coquillages, le cauri, ne sert qu'au petit marchandage de la vie usuelle, sur la place où sont assemblées les vendeuses ou les dioulas, dont quelques-uns évoquent la silhouette de nos camelots parisiens, avec le même bagou et la même effronterie. Quant aux grosses affaires, au comptant ou à échéance, elles se traitent en captifs. Achète-t-on un terrain, le produit de ce terrain, un bourriquot, une femme, un cheval, on paie en captifs. Le captif est une monnaie qui se donne et se reçoit de préférence à toute autre, parce qu'elle apporte son revenu avec elle. Si on la supprime, le remplacement en sera très difficile, et je ne vois rien au Soudan qui puisse en tenir lieu. C'est en outre une garantie d'emprunt qui s'engage comme un objet au Mont-de-Piété, et dans tous les pays noirs on rencontre des captifs ainsi mis « au clou » en nantissement d'un prêt, d'une dette, ou même d'un paiement à échéance, comme un billet à ordre.

En procédant à la suppression de l'esclavage on aura donc fort à compter avec cet élément de commerce qui a une importance primordiale.

VI

La captivité est donc, en ce qui concerne notre colonie du Soudan, et par conséquent celle
du Sénégal, où même l'observation de ces diverses coutumes, toutes issues de la religion
musulmane, est bien moins rigoureuse, la captivité est donc déjà très éloignée de l'esclavage
dont je parlais au début. Comme autrefois dans
la république athénienne, sous l'influence de la
civilisation, la captivité n'est plus qu'une forme
de domesticité plus accentuée, et si l'on excepte
les Maures, que leur caractère farouche prédis-
pose davantage à la cruauté, les noirs ont soin

de leurs captifs, je n'irai pas jusqu'à dire par bienveillance naturelle, mais tout au moins par intérêt, parce que, les guerres se faisant plus rares, ils apprécient davantage la valeur de leurs conquêtes, et qu'il est de bonne politique de s'attacher les esclaves, plutôt que de se les aliéner ou de les détruire.

Pour nous, qui sommes à l'heure actuelle les maîtres de la plus grande partie du Soudan, notre influence sur la captivité s'est exercée sous deux formes. Les efforts de la Ligue antiesclavagiste dont le plus brillant apôtre fut le cardinal Lavigerie, puis notre action directe sur la captivité par l'occupation militaire et l'établissement régulier ensuite de notre autorité.

De la première il y a peu de choses à dire sur son œuvre au Soudan, que la seconde a rendue à peu près nulle. Les missions parties de France et d'Algérie obligées de suivre le mouvement de la conquête, n'ont pu qu'apporter un peu de douceur et inscrire une page d'apaisement au livre si tourmenté de cette marche en avant à outrance.

Les missionnaires qui se sont installés à Kita, et plus récemment encore à Dinguira sur les

Contraste insuffisant

NF Z 43-120-14

bords du Sénégal poursuivent leur œuvre de civilisation par les enfants qu'ils élèvent. Ils en prennent en général un par village, et chaque fois que l'occasion s'en présente, l'exportation des captifs vers le Sénégal étant interdite, on leur donne ceux qui se trouvent dans les convois qu'on arrête. Quelle sera un jour, dans les villages où on les renverra, instruits et un métier dans les mains l'influence de ces enfants auxquels on aura enseigné la haine de l'esclavage? Il est à craindre que l'état des choses ne subisse aucune modification. Ils auront, ou ils seront des captifs, comme par le passé, si nous-mêmes, avant ce temps, n'avons établi une nouvelle forme de la domesticité.

Quant à notre influence par la conquête, le but primitif était, sans forme de procès, la suppression de l'esclavage; il l'est et doit l'être encore, mais à la pratique on s'est aperçu que cela n'allait pas tout seul. On avait commencé par rendre libres tous les captifs qu'on rencontrait ou à peu près, mais les captifs restaient chez leur maître ne tenant aucun compte de notre sentence, tandis que le maître, que nous tentions de frapper dans sa propriété, nous résistait davantage.

On a donc dù en principe tolérer chez le noir cette coutume de l'esclavage, mais on a essayé de lui en rendre le commerce difficile. Un ordre du colonel Archinard décidait que tout captif pouvait être racheté moyennant un prix maximum de trois cents francs, et que nul ne pouvait s'opposer à sa libération. Les effets de cet ordre furent peu importants. Puis on créa, auprès de tous nos centres militaires d'occupation, des villages nouveaux appelés villages de liberté où les captifs qui avaient à se plaindre de leurs maîtres n'avaient qu'à venir se réfugier, pour être libres. Au début il en vint beaucoup, mais quand on leur eut pendant quelque temps, planté des caisses de vingt-cinq kilos sur la tête, et fait faire plusieurs promenades de quelques centaines de kilomètres à la suite de nos convois ou de nos colonnes, où souvent la pâture était chose rare pour eux, le peuplement de ces villages de liberté se ralentit, puis cessa presque entièrement, de sorte qu'ils sont appelés à disparaître dans un temps déterminé. Dans quelques-uns de ces villages où l'on n'avait pas un besoin continuel de porteurs, on faisait cultiver par ces gens auxquels nous venions de donner la liberté, des lougans dont nous ramassions la récolte pour nos besoins personnels, et dont nous ne leur donnions pas toujours leur part, de sorte que la condition du captif ne changeait en rien en venant se mettre sous notre protection, si ce n'est que peut-être il était moins rémunéré, c'est-à-dire moins nourri. Aussi beaucoup ont-ils déserté, et à l'heure actuelle, en dehors des grands centres où les villages de liberté sont sous la férule, est-il difficile de trouver des porteurs, des manœuvres, etc., à moins d'employer le vieux système de la réquisition.

Ces différentes tentatives, en vue de l'abolition de l'esclavage, avaient lassé la bonne volonté des conquérants. Alors il se passa cette chose extraordinaire, que, ne pouvant le supprimer, on en usa. Nous nous sommes faits comme les autres, marchands d'esclaves, et depuis quelques années, le captif est pour nous, comme pour les noirs, une monnaie dont nous payons nos soldats, nos domestiques, nos porteurs, tout comme Samory et Ahmadou.

Lorsque nous prenons, par la force, possession d'un village, nous suivons la tradition. Ainsi, par exemple, dans notre dernière campagne contre Ali-Kari, dans le Mossi, à Bossé, nous avons cerné le village, ouvert une brèche dans le tata, et tué pendant l'assaut tout ce qui se trouvait devant nous, environ sept à huit cents fanatiques.

L'affaire terminée, il restait dans le village environ douze cents êtres humains. Tout cela devint le butin du vainqueur, et on fit le partage de tous ces captifs. Les officiers eurent droit à un certain nombre, six, je crois, dont les deux tiers pour leurs boys, les soldats de la légion étrangère eurent aussi leur part, et enfin on paya les tirailleurs, les porteurs, les palefreniers avec cette marchandise humaine. Quelques jours après on était forcé d'enlever les captifs aux légionnaires qui en faisaient ouvertement le commerce pour 25 et 30 francs l'un sur le marché de Djenné, ce qu'on tolérait aux tirailleurs, qui sont même venus, au retour m'offrir leurs captifs sur le marché de Ségou.

Il est juste de dire aussi que les tirailleurs et les spahis s'engagent sous nos drapeaux, de même que nos domestiques ne se mettent à notre service, que dans ce but : faire des captifs, et leur courage et leur énergie sont proportionnés à la valeur des prises qu'ils savent devoir faire derrière le tata à enlever.

Le recrutement des troupes indigènes au Sénégal est devenu fort difficile depuis que l'ère des expéditions y est à peu près close, et du jour, où nous leur donnerons tout juste, leur ration et leur solde, cinquante centimes par jour, il est bien certain que nous ne trouverons plus à compléter nos effectifs.

Mais alors, en continuant ce système, nous tournons complètement le dos à notre œuvre de civilisation, et nous ne tenons plus aucun compte des principes démocratiques qui sont l'essence même du gouvernement que nous venons établir dans nos colonies.

Les procureurs généraux conservent, il est vrai, le droit suprême d'affranchir l'esclave, mais aller parler de cela au Soudan serait s'exposer aux railleries de tous ceux qui l'ont administré jusqu'à ce jour. L'Européen est le premier à ne tenir aucun compte du certificat de liberté qu'il a donné par l'intermédiaire du commandant de cercle et la sanction du magistrat. et ce n'est là en somme qu'une petite concession, une politesse qu'on fait à ceux qui réclament l'humanité libre, tout entière, et rien de plus.

En résumé, comme je le disais au début, l'esclavage, nommé par euphémisme captivité, est trop profondément enraciné dans les mœurs africaines, et trop compatible avec le caractère nègre pour qu'on puisse songer à l'en extraire brusquement. Le vrai mal est que nous nous sommes laissé aller à l'admettre dans nos usages européens, et c'est d'abord par là que doit être commencée l'œuvre de suppression, malgré les inconvénients que cela nous causera au début.

VII

Cette suppression de l'esclavage sera une œuvre longue et délicate, car on se heurte à l'un des principes fondamentaux de l'existence noire. C'est absolument, pour me permettre un rapprochement facile, comme si, demain, en France, et d'une façon définitive, tous nos domestiques se mettaient en grève, et qu'il devînt impossible de se procurer un serviteur.

La première chose à faire est d'atteindre le mal, si mal il y a, dans sa source, c'est-à-dire en supprimer les causes, la guerre d'abord, puis la liberté du commerce.

Et voici dès à présent la première difficulté. Notre autorité est loin d'être imposée au Soudan, notre civilisation loin d'y être établie. Il se passera encore longtemps avant que l'ère des expéditions, même en continuant le régime pacifique inauguré depuis quelques mois, puisse être définitivement close dans ce pays où le fanatisme repousse, comme la mauvaise herbe, sous le pied qui l'écrase.

On a commis la lourde faute, lors de notre établissement au Sénégal de lutter contre le paganisme et le fétichisme avec l'arme dangereuse de l'islamisme. On a importé le Coran chez ces nations simples sans réfléchir qu'elles le prendraient à la lettre, et s'en serviraient contre nous. Aujourd'hui on paie cette erreur, chèrement, car, plus encore qu'avant, la guerre sainte est quotidiennement prêchée par des marabouts ambitieux aux quatre coins de l'Afrique centrale, et de *tous* côtés s'allument, sans bruit, des foyers d'insurrection.

Et ces gens se soulèvent pour maintenir l'état de choses actuel, et par conséquent l'esclavage. Nous nous trouvons donc enfermés dans ce dilemme.

Pour supprimer le captivité, nous devons détruire le moyen de l'alimenter, la guerre ; pour arriver à éteindre la guerre, nous sommes obligés de la faire, encore pendant un temps indéterminé. Alors ? Je ne résous point le problème, je le constate.

Sur le second point, le libre commerce, notre situation actuelle nous permet peut-être de faire davantage, à la condition toutefois de donner nous-mêmes l'exemple. Or j'ai rencontré, dans mon voyage, un village entier de captifs, au service d'un sérail et d'un troupeau, le tout étant la propriété d'un officier fort connu au Soudan. Le nombre de ces captifs est d'environ deux cents. Ce que j'ai constaté pour un est le fait de plusieurs, et cet état de choses ne saurait se prolonger plus longtemps.

L'Européen, qui vient dans les pays importer sa civilisation, doit s'interdire tout ce qui est contraire à cette mission, et surtout, lorsqu'il est dans l'obligation de se servir de la force, ne point tirer de ses victoires les mêmes bénéfices qu'il est venu abolir.

Ceci établi et admis, on peut agir. Les dioulas, colporteurs ambulants, circulent librement sous condition d'acquitter les droits, dans tout le Soudan français, et jusqu'au Fouta sénégalais qui est un de leurs principaux débouchés, avec la marchandise noire, classiquement appelée bois d'ébène. Ils exportent annuellement, vers le nord et vers l'ouest, des milliers de captifs qui peu à peu dépeuplent le territoire au fur et à mesure que nous les occupons, et qui diminuent d'autant l'effectif de nos possessions, et par conséquent leur revenu colonial.

Supprimer le dioula serait donc supprimer le débouché de l'esclavage, et, non pas en tarir, mais en rendre inutile la source.

Et là on ne se heurte à aucune question de race ou de religion, le dioula n'étant pas plus considéré, dans toutes les régions africaines qu'il traverse, que le marchand d'almanachs chez nous. Le moyen d'arriver à ce but serait fort simple; renoncer à notre impôt, que le marchand, étant donné ses bénéfices considérables, est très heureux d'acquitter, et lui interdire, sous peine d'un châtiment très sévère, j'irais jusqu'à la peine de mort, le passage sur nos territoires de ses articles humains. Il lui serait alors facile diront les habitués de la brousse, de nous éviter, et de passer quand même dans nos lignes, mais alors il arrivera que les captifs qui sauront trouver chez nous une vraie liberté, qui auront la certitude en venant à nous, de ne plus faire que changer de maître, échapperont au dioula dont nous ne protègerons plus les prérogatives, que les convois deviendront, pour ce dernier impraticables, et le résultat sera atteint.

En ôtant au dioula les moyens d'acheter et de colporter des captifs, on enlèvera du même coup aux tirailleurs la possibilité de les vendre. Et l'habitude étant par excellence chez le noir une seconde nature, quand les colonnes seront plus rares il en arrivera peu à peu, en échange d'un nouveau joujou qu'il sera aisé de trouver (on pourrait, par exemple, lui inculquer l'amour de la propriété terrienne) à ne plus avoir cette préoccupation constante qui est toute son existence militaire : faire des captifs.

Ce système, qui me paraît être le seul logique trouvera certainement au début, dans la pratique, beaucoup d'obstacles. Pourront-ils être aplanis? En tous cas, l'effort ne serait pas bien grand ni bien coûteux d'en tenter l'expérience. On sera ainsi rapidement fixé sur la nécessité ou l'inutilité de l'abolition de l'esclavage, contre lequel des croisades indignées de philanthropes en chambre se lèvent chaque jour, question grave de gens convaincus contemplant l'humanité du coin de leur feu, et s'apitoyant de loin sur le sort de ces infortunés nègres qui se soucient fort peu qu'on se mêle de leurs petites affaires, question ardue qui a fait déverser des flots de paroles et couler des torrents d'encre entre l'Hôtel-de ville et la Porte-Maillot.

La conclusion est que, notre civilisation ne s'infiltrant que fort difficilement chez ces races obtuses et têtues, il faut pour en obtenir quelque chose ne point attaquer de front leurs coutumes, pas plus que leur religion, et qu'il serait imprudent de tenter une réforme immédiate de la captivité, avant de leur en avoir fait comprendre, par les avantages qu'elles en pourront retirer plus tard, la nécessité. Lorsque, les années ayant passé, les nègres seront plus habitués à nous et à nos mœurs, ils comprendront petit à petit le principe du salaire. Ils se rendront compte que celui ci- ne se prélève que sur le revenu, et non plus sur le capital, comme l'achat définitif d'un captif, et qu'alors en cas d'accident ou de décès, ils auront beaucoup moins de risques de subir des pertes pour eux considérables, sans compter les différences en moins que leur cause la revente ou l'échange de captifs sur la valeur desquels ils ont pu s'abuser au début.

Ceci obtenu, la disparition de l'esclavage se fera d'elle-même, sans secousses, dans nos colonies africaines; puis le niveau moral du noir s'étant élevé, peut-être pourrons-nous tirer un parti utile et des ressources sérieuses, de ce sol jusqu'alors infécond, qui nous a coûté tant de sacrifices, et surtout, hélas! tant de dévouements et de courages ensevelis pour jamais dans cette terre ingrate, et dont les noms ne peuvent plus qu'illustrer le martyrologe de cette œuvre immense, œuvre de tous les siècles, l'émancipation de l'humanité.

Du Niger, juillet-août 1894.

TABLE

LA VÉRITÉ SUR TOMBOUCTOU

L'ESCLAVAGE AU SOUDAN

Imprimerie générale de Châtillon-s-Seine. — Pichat et Pepin.

www.ingramcontent.com/pod-product-compliance
Lightning Source LLC
Chambersburg PA
CBHW052048090426

42739CB00010B/2093